KB079019

직장인으로 어떻게 성공할 것인가

이기봉 저

(주) 삼양미디어

직장인으로 살아가고자 하는
이 땅의 모든 성실하고 의욕에 찬 젊은이들에게
이 책을 바칩니다.
그들이 꿈 꾸는 만큼, 노력하는 만큼
이루고, 행복할 수 있도록 …

먼저 이 책의 내용을 소개한다.

맨 앞부분에는 이제 막 직장인이 되려는 취업 지망생들이 어떻게 가장 적합한 직업을 선택할 것인지를 소개하였다.

취업 후에는 앞으로 성공하는 직장인이 되기 위해 어떤 준비를 해야하며, 어떤 방법으로 실행계획을 수립할 것인지를 설명하였다.

그리고 어느 정도 경력을 쌓은 30대 직장인들이 성공하기 위해 알아두어야 할 내용과 참고할 내용을 정리해 보았다.

나 자신의 직장생활과 짧은 사업 경험, 11년 간 헤드헌터로서의 간접 경험, 주위 다양한 직장인들의 실제 사례를 토대로 독자들에게 현실적인 도움이 되도록 구성하였으며, 다양한 사례 및 성공한 직장인(샐러리맨)의 인터뷰를 실어 입체적으로 이해를 돕고자 했다.

이 책을 다 읽은 후에는 스스로 경력 개발 계획을 세워 행동에 옮겨야 한다. 이 책을 쓰는 목적은 바로 그것이다. 배우고 느껴서 행동에 옮기도록 하는 것. 그래서 성공하는 직장인이 되도록 도움을 주는 것.

대학 교육 과정까지 잘 마치고, 직장인이 된 사람들은 책임이 하나 있다. 모범이 될 수 있는 행동과 근면한 자세로 성공하고, 그 성공을 바탕으로 나를 바라보는 모든 후배들(자식 포함)을 잘 가르쳐서 또 성공으로 이끄는 것이다. 이것은 곧 나를 성장시킨 부모님과 이 사회에 보답하고 기여하는 일이 될 것이다.

성공을 해야만 조직을 자신이 원하는 올바른 방향으로 이끌고, 후배들을 내가 바라는 모습의 능력 있는 후임자로 양성할 수 있는 자리에 오를 수 있지 않겠는가? 내가 원하는 올바른 방향으로 모든 일을 실행할 수 있는 권력을 가지려면, 직장인으로 꼭 성공해야 한다. 내가 상당한 능력자라면 더욱 더 그렇다.

내 앞에 젊은 취업 지망생, 젊은 직장인이 앉아 있고 하루 종일 나의 말에 귀 기울인다 생각하면서 필자의 오랜 경험과 그 과정에서 터득한 것을 이 책에 쏟아 부었다.

"이 세상에서 가장 활용되지 못하고 낭비되는 자원은 바로 사람의 능력"이라고 했다. 이 책을 읽고 몇 명이라도 실제 도움을 받아 성공적인 직장인으로서의 인생을 걸어갈 수 있다면 더 이상 바랄 것이 없다.

저자 이기봉

들어가면서

어린 시절 | 1956~1975

평생 군인과 직장인으로 산 아버지를 보면서 자랐다. 계속되는 입시 공부 때문에 다른 운동이나 취미를 살릴 마음과 시간 여유는 없는 세대였다. 고교 동창과 대학 동창은 항상 가장 가깝고 힘이 되는 친구들이며, 사업적으로 조언도 많이 듣고, 도움받을 수 있는 가장 편한 후원자이자 믿음직한 인맥이다.

20대 초반 | 1975~1981

서울대 산업공학과를 졸업하고, 첫 직장, 유한킴벌리에 별 굴곡 없이 잠시 다니다 좀 더 큰 조직에 가서 성장하고 싶다는 생각에 IBM으로 옮겼다.

유한킴벌리에서 내근직보다는 영업직이 나의 적성에 맞는 것을 깨달았다.

- 현재 유한킴벌리는 국내 굴지의 대기업으로 성장하였고, 당시 동료, 선배들이 임원, 사장이 되었다. 당시에 어렸던 내가 그 회사의 비전과 가치를 간파하지 못한 것은 아닐까?

20대 중반~40대 초반 | 1982~1997

한국 IBM에 신입사원 공채를 통해 영업부로 입사하여 15년 2개월 재직 후 퇴사.

IBM은 연봉이 국내 대기업의 2배 이상이었고, 복리후생과 국내외 직원 교육 프로그램도 최고인 훌륭한 회사였다.

신입사원일 때 배울 기회가 많았고, 경력이 쌓이면서 직책에 맞는 교육이 계속 제공되었는데, 그 이후에 사업을 시작하고 직장생활을 해 가는데, 중요한 디딤돌 역할을 해 주었다.

이때 만난 사람들이 지금까지 도움을 주고받으며 함께 해온 이들이다. 나의 가장 큰 재산 중의 하나.

- 7, 8년 승승장구하던 시기를 지나면서 좀 다른 길은 없을까 하는 마음에 승진 경쟁, 해외 파견 근무에 적극 나서지 않았다. 이런 내 모습이 여유 있어 보였는지 중요한 자리는 내 차지가 아니었고, 솔직히 나도 원치 않았다.

40대~50대 초반 | 1997~2009

외국계 헤드헌팅 회사에 입사했다가 지인과 함께 헤드헌팅 회사를 창업하고, 대표이사로 취임하여 IMF로 위기도 있었으나 안정적으로 운영하였다.

동료에게 회사를 맡기고 홍콩계 기업으로 자리를 옮겼으나 본사의 철수 명령으로, 다시 나의 회사로 복귀하였다. 그러나 경영상의 어려움을 극복하지 못하고 문을 닫게 되었고, 다시 직장인이 되었다.

- 최소 3000명 이상을 면접하면서 성공과 실패의 모습을 직·간접적으로 경험하였다.
- IBM 외의 사회적 인맥을 넓히기 위해 여러 사회인 모임(로터리 클럽과 기타 사적인 소규모 모임)에 적극 참여했다.
- IBM 출신 모임의 총무도 하면서 헤드헌팅 일을 통해 만났던 이들과의 만남도 계속 유지했다.
- 여러 대학에서 취업 특강을 하며 학생들에게 무엇을 알려줄 것인지 고심하기 시작했다.
- 본사의 철수 명령으로 회사가 문을 닫는 경우도 처음이었고, 잘 정립되어 괜찮을 줄 알고 자리를 비운 회사가 돌아오니 현상 유지도 어려운 상태였고, 결국 문을 닫는 경험을 했다. 그 후유증이 생각보다 컸다.

50대 | 2009~현재

다시 IT 업계로 복귀 - 현재 ㈜단군소프트 대표이사.

주로 대기업 고객의 임원을 만나고, 신규 사업 발굴에도 힘쓰고 있으며, 젊은 직원들에게 나의 경험을 전수하기 위한 코칭도 하고 있다.

- 다양한 IT 분야 경력과 주요 인맥을 활용하여 실질적인 성과를 내고 회사의 성장에 기여하고자 노력 중이다. 여전히 Career Peak를 향해 나아가고 있다.

짐작했겠지만 필자의 과거와 현재를 정리한 것이다.

필자는 보통 직장인보다는 회사와 업무의 경험이 다양한 편이다. 많은 직장인을 만났고, 그들의 경력과 꿈에 관한 고민을 함께했다. 이렇게 쌓인 경험과 지식들이 이 책에 담겨 있다. 필자 개인만이 아니라 여러 직장인 선배의 이야기가 이 책에 녹아 있다고 하겠다.

이 책은 처세술에 관한 책도, 취업과 전직의 요령을 알려주는 책도 아니다.

여러 가지 성공과 좌절의 경험을 공유하면서 자신을 뒤돌아보고, 미래를 준비하는 데 도움을 주고자 한다. 넓은 시야로 긴 직장인 생활을 계획하는 데 도움이 되었으면 한다.

어차피 직장인이 될 것이고, 되었고, 앞으로도 20년 이상 직장인으로 살아야 한다면 계획을 세우고, 자세를 가다듬고 제대로 해 보자.

직업이란?

생계를 유지하기 위하여
자신의 적성과 능력에 따라
일정한 기간 동안
계속하여 종사하는 일

"돈을 벌기 위해 하는 일"

회사에 나가서 시키는 일을 하거나 전문직으로서 자격증을 가지고 하는 일이 "직업"이다. 무언가 가치를 창출해 내는 행위이기 때문에 돈으로 보상 받는 것이며, 전문성이 클수록, 경험이 쌓일수록, 소속된 조직에 더 큰 돈을 벌게 해 줄수록, 즉 일의 가치가 클수록 연봉은 많아진다.

직장이란?

사람들이
일정한 직업을 가지고
일하는 곳

"일터", "직장"은 어떤 구체적인 사업 목적을 가지고 운영되는 정해진 조직(회사 등)과 법적인 약속(노동법 등)을 한 다음 일하는 모든 곳이다.

반드시 풀타임(full-time) 정규직이 일하는 곳만을 언급하는 것은 아니며, 고용주가 요구하는 일을 하기로 법적으로 약속하고 일하는 모든 곳을 직장이라고 할 수 있다.

이 책에서는 공무원, 군인, 교사, 전문직(의사, 변호사, 변리사 등) 등 경력 관리가 단순하고 선택의 방향이 명백한 직종은 논외로 하겠다.

'회사'라고 일컬을 수 있는 곳에서 일하는 화이트칼라, 즉 일반 기업체, 공기업, 은행 등 금융기관, 외국인 회사 종사자, 그리고 이런 곳에 취업을 희망하는 준비생까지 아우르는 내용을 실었다.

이 책은 최선의 선택, 최대의 노력을 하면서, 경쟁도 마다하지 않으며 장기적으로 경력을 쌓아 결국 직장인으로 성공하고 싶은 이들에게 꼭 필요한 참고서가 될 것이다.

목차

KNOWHOW
 OF OFFICE WORKER
TO SUCCESS

Chapter **7** 성공 직업인 인터뷰

마치면서

Chapter 1

KNOWHOW of OFFICE WORKER to SUCCESS

직업과 직장 선택
– 취업 지원자를 위해

--- 　　신입 취업 지원자든, 경력자로서 전직 지원이든 당신
은 어떤 직업과 직장을 원하는가?
우선 백지 한 장에 자신이 원하는 이상적인 직업과
직장의 모습을 정리해 보라.
그리고 나서 이 장을 읽어 보기 바란다.

직업 선택

일단 고교 졸업 이상의 학력을 갖추고, 일반적인 화이트칼라(white-collar) 직장인이 되기로 결정했다고 가정하고, 이야기를 풀어 가고자 한다. 세상의 많은 직업 중에서 당신은 어떤 일을 하면서 살고 싶은가? 다음은 지원자의 관점에서 직업을 구분한 것이다.

2group 적성 : 상 보상 : 하	4group 적성 : 상 보상 : 상
1group 적성 : 하 보상 : 하	3group 적성 : 하 보상 : 상

적성은 일에 적응하는 능력, 성격, 잘하는 분야, 특성 등을 이야기하는 것이고, 보상이란 연봉, 복리후생, 자유 시간, 향후 발전 가능성 등 모든 수혜 항목을 포함한 것이다.

예를 들어,

A씨 내성적이고 분석적인 업무에 적합한 적성인데, 현재는 적성과 상관없는 영업사원으로서 좋은 성과를 내고 있으며 성과급도 잘 받고 있으나 내년에는 기획 업무로 전직을 요청한 상황이다. 현재 3그룹에 속하지만, 적성이 더 잘 맞는 2, 4그룹으로 보직 변경을 하겠다는 것이다.

B씨 고교 때부터 연극을 좋아했고, 현재 선배가 운영하는 극단에서 보조 공연기획자로 일하고 있다. 신나게 일하고는 있으나 결혼을 앞두고 낮은 보상 때문에 고민 중. 현재는 2그룹에 속해 있는데, 보상이 더 큰 3, 4그룹으로 전직을 고려하고 있다.

일을 실제로 시작하여 경험하기 전에는 이 일이 어떤 일인지, 구체적으로 장점과 단점을 알기 어려우며 누군가 열심히 설명해 준다 해도 세세하게 이해하기는 어렵다. 따라서 그 일에 대해 상식선에서 예상할 수 있고(영업사원, 생산직, 비서 등), 웬만한 일이면 어느 정도는 감당할 수 있다는 일반적인 가정 아래 선택을 한다.

실제로, 대기업 공채는 아직도 큰 직종 분류에 따라 채용을 하지 구체적으로 해외영업부 남미 담당, 국내 마케팅 팀 매체 광고기획 담당, 인사부 복리후생 기획 담당 등으로 채용하지는 않는다. 입사하고 난 후 신입사원 연수 기간이 지나고, 배치할 때 본인의 지원 의사까지 감안해서 부서에 배치하는 방법을 취한다. 오랜 기간의 경험에 바탕을 둔 제도이기 때문에 상당한 신빙성이 있다고 생각한다.

그런데 외국인 회사는 좀 다르다. 채용 대상 자리 하나하나에 상당히 구체적인 설명(Job Description)이 공개되며, 상위 관리자의 직책이 무엇이고, 어떤 요소로 업무를 평가 받는지도 나와 있다. 주어진 목표에 따라 매년 상세하게 평가하는 인사 제도도 갖추고 있다. 대규모 공채보다는 소규모 수시 채용을 선호하는 서구식 채용 방식에 따라 정착한 방식이다.

실제 우리 사회는 직업(직종)을 무시하고, 회사 자체(직장)를 선택하는 경우도 많다. 또한 일단 전공을 마치고, 직업을 선택하는 단계가 되면, 이미 선택의 폭이 매우 좁아져 특별한 직업(연예인이나 운동선수 등)이 아니면 직종별로 여러 요소가 크게 차이가 나지 않는다.

또 하나의 특징은 직장 자체가 직업을 선택하는 데 크게 작용한다는 것이다. 대기업과 중소기업의 안정성, 연봉, 복리후생 등이 격차가 심해서 나타나는 현상이다. 당연히 좋은 직업에는 좋은 지원자가 몰리게 마련이다. 사법고시, 공무원 시험, 의학전문 대학원 등에 사람이 몰리고, 입시 공부하듯 노력을 쏟는 이유가 무엇이겠는가? 자신의 능력과 적성, 보상 등을 종합하여 현실적인 목표를 정하고, 철저히 준비해야 한다.

그러므로 스스로 원하는 직업이 무엇인지 알고, 그 직업이 구체적으로 무슨 일을 하는지 잘 알아봐야 하며, 또한 그 직업으로 장기간 일하겠다는 의지도 다져야 하는데, 이는 대학 생활 중에 준비해야 한다. 이때 적절한 자료, 직간접 경험, 조언자가 필요하다. 예를 들어 게임업계에 관심이 있다면 게임 프로그래머를 원하는지, 캐릭터 디자이너를 원하는지, 게임 기획자를 원하는지 정도는 자기 생각이 확실해야 한다.

원하는 일을 하기 위한 노력은 실제로 직업별로 매우 다양하며, 구체적인 도움은 관련 직업의 선배에게 받는 것이 가장 좋다. 누구도 대신할 수 없는 내용이고, 그 직업의 장·단점도 자세히 들을 수 있다. 밀고 나갈 것인지 방향을 수정할 것인지 결정하기 전에 거쳐야 할 과정이다.

직장이 정해지고, 근무하는 동안 조직도 변하고, 보직에도 변화가 생기게 마련이다. 경험이 쌓이면서 적성과 선호도 변화가 생길 수 있으므로, 당장의 기준이 평생 기준은 아니라는 점을 분명히 인식하자. 시간이 흐름에 따라, 나타나는 변화에 따라 계속 경력 계획을 수정하면서 필요하다면 전직과 사업도 할 수 있다는 자세로, 계속 도전해 가는 것이 직장생활이라고 생각해야 한다.

너무 재미있고, 잘할 수 있는 일이며, 성과도 쉽게 낼 수 있고, 승진도 잘 되고, 주위의 존경도 받으며, 상사·동료와도 잘 지내고, 연봉도 높고, 해외 출장도 종종 갈 수 있고, 출퇴근도 20분밖에 안 걸리고, 회사도 계속 성장하고 있고…. 이런 자리는 없다. 혹시 있어도 몇 달쯤일 것이다.

야근이 많고, 사내 경쟁이 심하며, 영어 스트레스가 심하고, 성과가 나쁘면 해고당할 가능성이 크고, 싫어도 술을 마셔야 할 때가 많고, 상사는 영 마음에 안 들고…. 이것이 현실이다.

직업이란, 견딜 수만 있다면, 3, 4그룹의 일을 하는 것, 즉 싫어도 보상이 많은 일을 하는 것이 목표가 되어야 한다. 취미활동을 하자는 것이 아니고, 가족 부양과 내 인생의 "일"을 하는 것이며, 성공하기 위해 노력할 대상이자 목표이기 때문이다. 필요하다면 적성도 변화시키고, 성격도 변화시켜라. 의지가 크면 안 되는 일이 없다는 자세로 덤벼라.

　모든 것이 갖추어져서 처음부터 승승장구하는 직장인보다는 부족한 점을 적극 극복해 가며 성공을 향해 노력하는 직장인이 결국 더 인정받고 최후의 승자가 된다. 상사는 다른 사람들의 본보기로 삼기 위해서라도 "노력하는 사람"을 선택한다. 학벌 좋고, 잘 생기고, 머리 좋고, 성격도 좋은 "완벽한 사람"은 다른 사람들이 따라가려고 노력할 수가 없지 않은가?

　필자도 고교 시절까지는 매우 학업에 충실하고 학교생활에 성실한 모범생이었다. 대학에 진학한 후 자유로워지면서 좀 더 세상을 알고 싶고, 내 인생을 내가 만들어 가고 싶다는 생각에 여러 가지 경험을 하기를 원했다. 술, 담배도 배우고, 강의를 빼 먹기도 하고, 여행도 하고, 고등학생 수학 과외 아르바이트도 하고, 친구들과 작은 카페도 운영해 보았다.

　그리고 당시 가장 선망의 직업이던 검사도 의사도 아닌 직장인으로 성공해 보고자 마음먹고, IBM Korea에서 직장생활을 시작했다. 신입사원 연수를 1년 받고 영업을 지원했는데 고교 동창들이 보면 의외라고 생각했을 것이다. 대학생활을 통해 변화된 나의 성향과 의지는 영업을 선택하도록 이끌었다. 성장과 사업 가능성 등을 고려했고, '적성에 맞지 않아도 보상이 큰 일을 선택한다.'는 전략이었다. 막상 부딪히니 일도 재미있고, 다양한 경험을 하면서 많이 배웠다는 점이 가장 큰 보상이다. 일단 선택을 하고, 노력하면 다른 사람보다 더 큰 보상을 받을 수 있다는 귀중한 경험을 얻었다.

　친구들의 부탁으로 그 아들, 딸을 만나 직업생활에 관한 조언을 종종했다. 그들이 무엇을 원하는지 듣고 나의 경험을 이야기하고 조언해 주었고, 많이 공감하고 돌아갔다. 독자 여러분도 주위에서 관련 업계 또는 필자처럼 코칭이 가능할 것 같은 이를 찾아 허심탄회한 조언을 구하라. 실제로 이런 대화를 하는 경우가 많지 않아 새로운 경험이 될 것이며, 미래를 결정하는 전환점이 될 수 있다.

보상이냐, 적성이냐, 직업에 대한 자신의 구체적인 의지를 세워라.
원하는 직업을 시작할 수 있게 준비를 철저히 하라.
직업은,
마음에 들지 않아도 더 큰 보상이 있다면 그 일을 하는 것이다.

국내 대기업 공채에서 계속 낙방을 거듭하던 배OO 씨는 대학 졸업을 미루고
대학 5년생이 되었다. 부모의 걱정이 그에게는 스트레스가 됐다.

기회는 모두가 가려는 길을 벗어나면서 찾아왔다. KOTRA를 통해 지난해 8월
인도네시아로 떠났다. 그곳에서 그는 '여기서 기회를 잡자'고 생각을 바꿨다.
현지인의 소개로 XXX 제품을 만드는 회사에 취직했다. 대우도 좋았다.
월 240만원에 집도 제공되었다.
대기업 문 앞에서 낙담했던 그는 지금, 3800명의 직원을 관리한다.
그는 "발상을 바꾸고 방법을 찾으면 못할 게 없다."고 말한다.

그러나 현재 이 땅의 대다수 젊은이는 수능과 대기업 공채의 "외길"에 갇혀
좌절하고 있다. 실력은 최고다. 25~34세 대졸 비율은 63%로
OECD 회원국 중 1위다. 영어 실력은 비영어권 1등, 수학은 세계 1위다.
하지만 행복하지 않다. 20대 걱정의 절반은 일자리와 교육이다.
한국의 청년 고용률은 40.4%로 OECD 평균(50.9%)에 한참 모자란다.
원인은 고학력에 따른 대기업 지원 쏠림,
지방 근무 기피 등에 따른 미스 매치(구인 · 구직 불일치)다.

수능에서 공채로 가는 외줄타기 속에서도 과감하게 내 이야기를 만들어가는
20~30대도 늘어나고 있다. 건강기능식품 기업인 ㈜비타민하우스에서
개발업무를 맡고 있는 박OO 씨(26)는 XX대 원예생명학과 석사 출신인 재원이다.
영어 등 스펙도 남부러울 게 없다. 주변에서 모두 대기업 취업을 권했다.
그러나 박 씨는 평소 눈여겨보던 이 회사를 지원했다.
그는 "대기업은 제한적이고 틀에 박힌 업무만 보게 된다."며
"내가 제품을 직접 개발하고 마케팅까지 도맡아 세계적 히트작을 낼 것"이라고 말했다.

국내에서 찬밥 취급을 받지만 외부 시각으로 보면

한국 강소기업(규모가 크지 않은 중소기업이지만 틈새 시장을 공략해

세계 최고의 자리에 오른 기업)은 썩 괜찮은 직장이다.

국내 소프트웨어 강소기업에 다니는 미국 명문대 출신 김OO 씨는

"인간적인 사내 분위기, 자유로운 의견 교환이 가능한 조직 문화에 반해

미국으로 돌아갈 생각을 접었다."며

"자신의 잠재력을 최대한 끌어낼 수 있다는 점에서

한국 중소기업은 매력적"이라고 말했다.

2013년 12월에 국내 모 온라인 취업사이트 업체에서

국제 전문가 50명의 설문조사를 통해 발표한 아래 자료를 살펴보기 바란다.

신종 직업 10선
(10년 후 유망한 직업)

1. 실버 시터
2. 다이어트 프로그래머
3. 운동치료사
4. 폐업 컨설턴트
5. 장기 이식 코디네이터
6. 사이버 경찰
7. 노인 전문 간호사
8. 도청 방지 전문가
9. 놀이치료사
10. 사이처(Cycher ; Cyber+Teacher, 인터넷 교사)

유망 직업 10선
(현재도 인기 있고, 5년 후에도 인기 있을 직업)

1. 인사 컨설턴트
2. 생명공학 전문가
3. 커리어 코치
4. 정보보안 전문가
5. 헤드헌터
6. 국제협상 전문가
7. 자산관리사
8. 반도체 엔지니어
9. 한의사
10. 인공지능 프로그래머

출처 중앙일보(2014. 1. 2) 기사 인용

직장 선택

이제 현실적으로 어떤 직장을 선택할 것인지 생각해 보기로 하겠다.

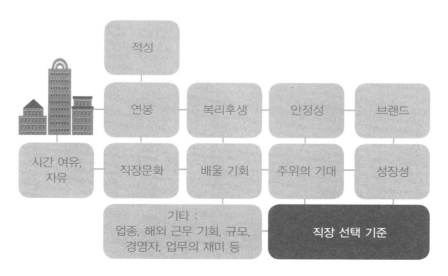

제시된 선택 기준에서 고르거나 그 외에 스스로 생각하는 선택 기준을 다음 표에 적어 보자. 자신이 생각하는 우선순위와 이유도 적는다.

나의 직장 선택 기준			
번호	선택 기준	우선순위	이 유
1			
2			
3			
4			
5			
6			

어느 정도 자신이 선호하는 바가 정리되었으면, 다음을 천천히 읽으면서 다시 한 번 스스로 작성한 내용과 비교, 검토해 보기 바란다.

1. 적성

사람을 만나는 것이 부담스럽고, 스스로 내성적이라고 생각하는 사람은 영업을 하기에는 적합하지 않다. 체력이 약해도 마찬가지이다. 이렇게 명확하게 구분이 가능한 일이 있고, 실제 해보기 전에는 확실히 적성이 맞는 일인지 판단하기 어려운 일도 있다.

영업직은 다음과 같이 상세히 분류할 수 있다.

- **영업하는 제품, 서비스에 따른 분류**

  자동차, IT, 약품, 건설, 의류, 보험 등

- **영업 방식에 따른 분류**

  기업 영업, 대리점 영업, 전화 영업, 방문 판매, 통신 판매 등

- **고객의 종류에 따른 분류**

  일반 기업 대상, 공공기관 대상, 개인 대상, 수출 영업 등

실제는 더 다양할 것이다. 실은 한 회사 내에서도 영업직은 다양하고, 일의 성격이 각각 달라서 적성이 맞지 않는 사람이 배치될 수도 있다. 건설업계의 영업과 소비재 통신판매업체의 영업은 당연히 크게 다르겠지만, 한 회사 내에서도 일반 가정을 대상으로 하는 에어컨 대리점 영업과 해외 가전유통업체를 대상으로 하는 에어컨 OEM 수출 영업은 완전히 다른 직업이다.

어떤 직업에 대해 "이유"가 있어서 하고 싶은 마음과 의지가 생겼을 텐데, 내 적성이 적합할지 판단하려면 아주 상세한 정보가 필요하다. 당연히 실제 그 일을 하고 있는 선배를 통해 상세히 소개를 받으면 좋을 것이다. 어떤 일의 "명칭"을 가지고 상상하면서 짐작하고, 선택하는 위험한 발상은 하지 말기 바란다. 의외로 큰 차이가 있을 수 있다.

구체적인 일을 한 가지 정하고, 내가 좋아하는 일인가? 내가 잘할 수 있는 일인가? 오래 할 수 있을까? 하는 질문에 냉정하게 답하면서 적성을 판단하라. 열정만으로는 성공할 수 없다.

최근 어떤 라디오 프로그램에 출연했던 유명 요리사의 이야기를 들어 보자.

유명 요리사가 자신의 레스토랑을 개업하고 어느 정도 손님이 늘면서, 요리사를 추가로 채용하려고 광고를 했더니, 실력 있는 젊은 요리사들이 많이 지원하였다. 당연하게 경력 많고, 실력 있는 요리사 몇 명을 테스트를 거쳐 채용하였다.

그런데 고등학교를 졸업하고 요리 경력도 없는 한 청년이 찾아와 "주방에서 죽을 작정을 하고 배우겠습니다. 인생의 목표는 셰프 같은 최고의 요리사입니다. 연봉은 상관없으니 받아 주십시오." 하면서 매달렸다. 그 열정에 감복하여 다른 요리사의 반대도 무릅쓰고 그를 채용하여 훈련시키기로 하였다. 청년은 정말 열심히 집중해서 배우려 했고, 저녁 늦게까지 설거지를 도맡아 했다. 그런데 사흘째 되던 날 아침, "아무래도 제가 할 일은 아닌 것 같습니다. 죄송합니다."라는 메모만 남기고 떠나갔다. 물론 전화 연락도 두절이고.

아마도 TV드라마에서 본 의사를 그만두고 부모님의 반대를 뿌리치고 이탈리아 요리사의 길을 선택한, 멋지고 자유분방한 모습의 요리사 등 환상적인 모습을 그렸을 것이다. 얼마나 힘들게 수련하는지, 어떤 위험이 있는지 모두 생략된 성공한 모습만 보고 혹한 것이리라.

2. 연봉

돈을 벌자고 하는 "일"인 이상 어떤 요소보다 중요하다고 할 수 있다. 그런데 어떤 직업의 연봉이 높거나 낮다는 비교 기준이 애매하고 계속 변화가 있을 것이라는 점이 판단을 어렵게 한다. 결국 특정 시점에 자신이 선택할 수 있는 몇몇 자리 중에서 비교하여 선택할 수밖에 없다.

장기적으로 내 연봉을 높이는 가장 좋은 방법은 어느 정도 수준 이상의 회사에 다니면서 승진을 거듭해 임원이 되고, 사장이 되어서 자연스레 연봉이 오르는 것이다. 계속 연봉이 높은 회사를 찾아 전직을 거듭할 수는 없으며, 전직하면서 오르는 연봉은 실적에 따른 해고 가능성, 과중한 업무 등 리스크를 감수해야 하기 때문이다. 연봉이 높은 자리에 있으면 전직할 기회가 와도 연봉을 낮추면서 갈 만큼 매력적인 자리를 찾기가 어려울 뿐만 아니라 연봉이 낮아지는데도 이직할 합당한 이유를 대기가 어렵다. 다른 숨겨진 이유(인내심이 약하다거나 충성심에 문제가 있다거나 업무 능력이 떨어지거나 과오가 있어서 승진에 탈락했다거나 해고될 예정이라거나) 때문에 이직하려고 한다고 오해를 받을 수도 있다. 전직을 통한 연봉 상승은 평생 최대 3, 4회 정도가 아닐까 한다. 결국 원래 있던 자리에서 인정받아 승진하고 연봉 인상을 기대하기 어렵다면 궁극적인 높은 연봉은 장기적으로 바랄 수 없다.

근본적으로 어느 정도 연봉의 차이는 큰 문제가 아니다. 현실적으로는 그 차이가 집을 장만하는 데 영향을 미치지도 못하며, 차를 사는 데 약간의 차이를 줄 수 있는 정도이다. 이것은 긴 직장인의 길을 가는데 더 중요한 다른 요소와 비교하면 정말 사소한 것이다. 조금 더 받는다고 조금 큰 차 몰고 다니면 실제 경제적인 차이는 거의 없는 것이다. 나이 오십이 되었을 때 평생 연봉 많이 받던 회사에 다녔던 나는 백수이고, 평범한 기업에서 꾸준히 일 열심히 하던 다른 친구는 임원을 하고 있을 수도 있다. 요즈음 주위에서 정말 자주 보는 경우이다.

일단 취업할 자리가 결정되고, 연봉 협상을 할 기회가 있으면 그때는 잘 준비된 정보와 전략으로 최선의 결과를 얻어내야 한다. 주로 전직할 때의 일인데 이것 역시 경험 있는 선배의 도움이 많이 필요하다.

3. 복리후생

소득으로 합산되는 항목

- 의료비, 전세자금 지원(실질적 이자 혜택), 본인 및 가족 학비 지원, 회사 주식 할인 매입 지원, 비정기 보너스 등
- 회사의 경영 상황에 따라 변경될 가능성 있음

소득으로 합산되지 않는 항목

- 식대, 휴가비, 경조사비, 문화 활동비 등
- 차량 유지비, 주차비, 휴대전화 사용료 등
- 직원 체육시설, 탁아시설, 회사 제품 할인 판매, 회사 소유 휴가

시설 사용 등

연봉을 계산할 때는 모든 항목을 포함하여 고려하되 회사의 성향, 즉 산업별 특성과 직원을 존중하는 문화인지를 살펴서 장기적으로 판단해야 한다. 경영 상태가 양호한 회사가 직원을 위한 투자도 많지 않겠는가? 국내에서는 주로 대기업, 외국인 회사, 금융기관, 공기업 등이 비교적 연봉도 높고 복리후생도 우수하다고 하겠다.

4. 안정성

1997년 말 IMF 금융 지원 사태가 오기 전까지 우리나라는 평생직장 보장, 연공 서열에 의한 승진 등 조직 문화가 매우 보수적인 편이었다. 경쟁이 치열하지도 않았고, 특별한 경우가 아니면 회사가 망하지도 않았다. 웬만큼 일하는 직원은 그럭저럭 정년퇴직하고, 퇴직금으로 여생을 보내는 인생 계획을 짤 수 있었다.

IMF 금융 지원 사태 이후 수많은 회사가 도산하고, 구조 조정이라는 단어가 익숙해질 정도로 많은 회사가 직원을 줄였으며, 냉정한 외국 자본이 국내 기업을 인수하면서 외국인 회사가 급속히 늘어났다. 덩달아 서구식 경영 방식이 "성공 모델"로 회자되었다. 가족 같은 분위기의 인간적인 상하 관계보다는 성과를 최우선시하며, 나이보다는 능력에 따른 승진, 비정규직 확대, 기업 인수 합병 확대, 상시 구조 조정이 가능한 법률 제정 등이 등장한 것이다. 외국인 회사와 경쟁하려면, 언젠가는 따르게 되었을 모델이지만 당시에는 너무 갑작스럽고 충격이 심했다. 실업자도 많아지고, 살아남은 직장인도 새삼 긴장하고 위축되었다.

이때부터 "안정성"이 직장 선택 기준의 가장 중요한 항목이 되었다. 한때 벤처 붐(boom)이 불면서 스톡옵션(stock option)이 직장인 대박 신화로 여겨지기도 했다. 그러나 돌이켜 생각해 보면 극히 일부를 제외하고는 결국 열심히 일해 조직에서 인정받고 승진하여 임원에 이르는 것이 직장인으로 성공하는 길임을 알게 되었다. 벤처기업 자체가 살아 남은 곳이 많지 않고, 말 그대로 벤처였던 것이다. 회사는 조직 전체의 성과로 유지되고 발전하는 것이니 회사가 발전하지 못한다면 개인이 능력이 아무리 좋아도 성공할 수 없다.

　잦은 전직을 통해 연봉을 올려가는 것이 좋은 성공 전략인 것처럼 여기거나 서구에서는 원래 자주 직장을 옮긴다고 생각하면 오산이다. 전직을 할 때마다 즐거울 것 같은가? 낯선 조직에 들어가서 적응하고, 새 동료, 상사들과 익숙해져야 하는 것 모두 큰 스트레스이다. 예상외의 위험이 도사리고 있는 경우도 많다.

　필자는 헤드헌터로서 우수 인재를 고객사에 스카우트해 주는 일을 하는 동안 그 후보자에게 장기적으로 도움이 될 경우가 아니면 피하려고 했다. 전직 건을 성사시켜 프로젝트를 성공적으로 마무리하더라도 회사와 지원자의 궁합이 맞지 않을 때는 입사하고 곧바로 퇴직할 확률이 상당히 높기 때문이다. 이 경우는 회사와 지원자 모두 피해자가 되어 버린다.

　안정성이 높은 회사는 어떤 곳일까? 다음 기준에 따라 정리해 나가면 도움이 될 것이다.

- 조직의 규모
- 회사의 연혁
- 현재 사업의 안정성과 발전성(특히 독과점 사업인지 여부)
- 경영자의 성향
- 인사 방침(쉽게 채용하고 쉽게 해고하는 성향은 아닌지)

- 현재 구성원의 평균 재직 기간
- 외국인 회사라면 미국보다는 유럽, 일본 회사가 더 안정적

5. 브랜드

단순히 유명한 회사, 유명한 브랜드 제품을 판매하는 회사를 선택하자는 것이 아니라, 이 역시 안정성과 관련이 깊다. 최근에 급성장을 한 경우도 있겠지만 브랜드 가치가 큰 회사일수록 보통 조직 규모가 크고, 매출이 많으며, 역사가 깊고 안정적이라 할 수 있다.

브랜드 파워는 전직 기회에 매우 강력한 셀링 포인트(selling point)가 된다. 브랜드가 유명한 회사라면 그 곳의 상세한 상황을 잘 몰라도 지원자가 잘 훈련되었고, 성공 경험이 많고, 인맥도 잘 형성되었을 것이라는 후광 효과(halo effect)가 생긴다. 경력과 능력이 비슷하다면 브랜드 파워가 높은 회사 출신이 선택될 가능성이 높다는 이야기이다. 특히 국내 시장과 회사 정보에 익숙하지 않은 외국인 회사에 지원할 경우는 더욱 그러하다.

실제 선택의 기회가 온다면 가장 우수한 1군, 그 다음 2군, 좀 낮은 3군 하는 식으로 크게 분류하여 회사들 간에 비교하면 충분하다.

6. 시간 여유, 자유

우리나라는 이미 중소기업까지 주 5일 근무제를 법적으로 시행하고 있는 노동 분야 선진국이다. 필자의 기억으로는 30년 이상 우리나라의 일인당 GDP의 수준, 성장률 등에 대한 긍정적인 뉴스가 계속되어 왔다. 중산층 가정이라면 안전하고 편리한 주거 환경(아파트, 빌라 등)에 살며, 자가용 승용차가 있고, 조금 더 여유 있으면 콘도 회원권 쯤은 가지고 있는 상태가 되었다. 즉 열심히 일한 만큼 여가를 즐기고 자기 시간

을 자율적으로 활용할 수 있는 시간과 돈을 보유한 것이다.

그러나 아직 근무 시간이 길고 주말에도 일해야 하는 회사도 많다. 이런 회사에 근무하면 장기적으로 자기개발, 여가생활, 재충전을 위한 정신적, 육체적 기분 전환 등에 시간을 할애하기는 어렵다. 직장인으로 성공하기 위해서는 업무 외의 자기개발 노력이 많이 필요하고, 회사에서 제공하는 교육과 업무 경험이 전부가 아니기 때문에 시간 여유의 중요성이 점점 커지고 있다. 그러니 연봉이 좀 낮아도 업무 강도가 낮고 시간 여유가 많은 공무원, 공기업 등의 인기가 점점 더 높아지는 것은 당연하다.

자기개발을 하고 가족들과 행복한 시간을 보내기 위한, 긍정적인 관점에서의 시간 여유는 직장 선택의 기준에서 그 중요도가 점점 커지고 있다. 물론 회사가 어려울 때, 업무상 필요하면 밤을 새면서도 전력투구하는 악착같은 자세는 겸비되어야 한다.

그리고 더 나은 미래를 위하여 일을 더 많이 하고, 더 높은 연봉을 원하는 직장인이 아직 더 많다는 것을 기억하자. 가장 중요한 직장 선택의 기준으로 시간 여유와 자유를 고려하면, 먼 훗날 개미와 메뚜기의 우화가 생각날지도 모른다. 메뚜기 같은 모습으로 사는 것은 직장인으로서 정말 피해야 할 자세이다. 젊었을 때, 직장인으로서 가장 중요한 점은 바로 "일을 통하여 많이 배우는 것"이기 때문이다. 오히려 일을 많이 주는 회사가 더 고마운 것이다.

입사를 고려 중인 몇 회사들의 현재 평균 근무 시간을 비교해 보는 것도 필요하지만 먼 훗날에 어떻게 변화할지 잘 예측하여 판단하기 바란다. 일을 열심히 하고 좋은 성과를 거두어 성취감을 느낄 수 있는 것도 즐기는 것이라고 생각한다면 시간 여유는 중요도가 낮은 판단 기준이 될 수도 있다.

7. 직장 문화

필자가 처음 사회로 진출할 당시에는 삼성 그룹은 관리 능력, 럭키금성그룹(현재는 LG그룹)은 인화, 현대 그룹은 추진력, 대우 그룹은 세계화 등으로 이미지가 뚜렷하게 나뉘었다. 지금은 여러 그룹으로 분사되고 변화가 많아졌지만 당시에는 그룹 총수도 이러한 이미지를 그대로 대변했던 것 같다.

그 시기에는 직장을 선택할 때 이 이미지에 자신의 기대치를 겹쳐 보고, 자신에게 어울리는 회사를 선택했다. 안정성, 연봉, 복리후생 등이 별 차이가 없었고, 공통적으로 가을쯤 대규모 신입사원 공채를 하고, 연수를 거친 다음 각 사로 배치하는 방법을 사용했었기 때문에 더욱 그러할 수밖에 없었다.

그러나 이제는 주요 그룹도 거의 각 계열사 단위로 채용을 하며, 경력자도 다양한 방법으로 채용하고 있고, 직책에 따라(연구 개발, 해외 업무 등) 별도로 수시 채용을 한다. 매우 구체화되고 개인화된 회사의 선택과 채용 방식이 추세가 되었다. 서구식 채용 방식이라고나 할까? 그룹 단위가 아니라 각 회사 단위로 직장 선택 기준이 달라져 하나하나 비교할 수 있게 된 것이 큰 변화라고 할 수 있다.

직장 문화를 구체적으로 정의하기는 어렵다. 어떤 분위기에서 하루 종일 어떤 동료, 상사들과 같이 일하며, 어떻게 소통(대화 및 결재 방식 등) 하고, 어떻게 평가 받으며, 어떤 수준의 유머가 통하고, 회식은 얼마나 자주 하는지 등 직장마다 그 모습이 다양하고 제각각이기 때문이다.

투명한 회사 경영, 합리적인 인사 제도, 이해심 많은 상사, 사이좋은 직원들, 서로 도우며 열심히 일하는 분위기. 모두가 꿈꾸는 환상적인 회사! 역시 이런 곳은 없다. 많은 회사들이 노력해 가는 과정이라고 이해하라.

선택 상황이 왔을 때 이 회사는 어떤 분야가 중시되는지, 어디에 예산을 더 쓰는지, 내가 어떤 요소를 더 중요하게 생각하는지에 따라 결정하면 된다. 회사 내부의 상황을 알아보려면 당연히 실제 근무하고 있는 선배를 통하거나 주위 지인의 도움을 받아야 한다. 회사 및 경영자에 대한 신문 기사, 사보, 웹사이트를 참고하자.

일하기 좋은 직장이라고 단순히 표현한다면, 아마도 아직은 대기업과 외국인 회사 등이 글로벌 기업 경쟁력 확보 차원에서 합리적인 인사제도를 시행하고, 연봉 외의 복리후생도 우수할 뿐 아니라 직원들이 열심히 일할 수 있는 직장 문화를 조성하려 신경쓰고, 유지하기 위해 투자를 많이 하는 것으로 보인다.

그러나 의외로 중소기업 중에서 매우 진취적이며 사내 소통도 원활하고 합리적인 경영 등 직장 문화가 잘 자리잡은 곳도 많다. 오히려 거대한 시스템 내에서 정해진 프로세스대로 움직이는 대기업보다 활기차고 창의적인 조직원과 같이 일한다면 더욱 신나고 성과도 좋을 것이다. 소위 이런 "분위기"를 중요시하고, 자유로운 조직 문화를 선호한다면 중소기업에서 자신의 직장을 찾는 것도 좋다고 생각한다.

요즈음은 업종에 따라 수개월의 인턴 기회가 있는 회사가 있는데, 실제 회사 분위기도 파악하고 어떤 일을 하는지 알고 싶다면 꼭 도전해보자. 가장 가까이에서 그 회사를 살펴볼 수 있는 기회이다.

8. 배울 기회

필자는 이 요소를 가장 중요한 선택 기준으로 삼는다. 왜냐하면 오랜 헤드헌터 경험과 주위 사례를 보면서, 젊은 직장인이 회사에서 받을 수 있는 가장 큰 혜택은 바로 "얼마나 많은 지식과 경험을 배울 수 있는가"임을 확신하기 때문이다.

배울 기회라고 하면 회사의 구체적인 직원 교육 프로그램과 외부 교육(업무 관련 교육 및 대학원 과정 등) 기회, 일을 하면서 상사와 선배들에게서 배우는 영업 기술, 협상 기술, 인내심, 회사에 대한 자세, 윤리적 기준, 소통의 기술, 리더십 등이 있다. 역시 선배들의 조언이 가장 현실적이다.

일반적으로 브랜드가 좋은 회사, 규모가 있는 회사, 직장 문화가 좋은 회사가 배울 기회를 많이 제공해 준다고 생각된다. 그러나 중소기업에서는 어려운 상황을 돌파하는 추진력과 조직에서의 인내심, 적절한 규모의 사업 기회를 간접 경험해 볼 수 있다.

배움의 종류는 매우 다양해서 각자의 경력 계획에 따라 기술적인 면이 강조되고 교육 기회가 많은 직장이 좋을 수도 있고, 관리자 양성을 중요시 여기는 직장이 좋을 수도 있다. 이 역시 각 직장, 직업별로 매우 다양하고, 계속 변화하는 것이므로 현재의 상황과 업종, 직업의 미래를 감안하여 장기적인 안목으로 판단하자. 선배들의 도움을 받아서 현실적인 비교를 해 보아야 한다.

이 부분은 뒤에 다시 강조할 기회가 있을 것이다.

9. 주위의 기대

부모님, 친척, 형제자매, 교수님, 선후배들. 이들의 기대도 무시할 수 없다. 나를 가장 잘 이해하고, 내 적성을 잘 알고 있고, 같은 편에 서서 내가 잘되기를 바랄 사람들이기 때문이다. 의견이 다를 경우 내 고집으로 이겨서 원하는 선택을 하겠다는 자세보다는, 내가 이들을 설득하고 지원을 받겠다는 마음을 먹기 바란다.

그런데 이들을 설득하려면 내가 우선 많은 정보와 논리를 갖추어야 한다. 지금 언급하고 있는 직장 선택의 기준으로 자신이 바라는 바와

적성 등을 반영하여 설득해 보라. 무작정 내가 원하는 일을 하겠다고
말머리를 꺼내는 것보다는 훨씬 합리적이며, 설득력이 있을 것이다.

사회 경험이 없는 취업 지망생으로서 첫 직업과 직장을 정해야 할
때, 조언을 구하는 가장 좋은 방법은 무엇일까? 바로 이들에게 자문을
구하는 것이다. 그러면 아마도 기다렸다는 듯이 성실히 조언을 해줄 것
이다. 웬만한 부모들은 이미 자식의 장래에 대해 생각해 보고 어떤 도
움을 줄 수 있을지 생각해 두었을 것이고, 기대치도 정해 두었을 것이
다. 구체적인 직업별, 회사별로 전문적 지식이나 경험은 없더라도 상식
적인 선에서 최선이 무엇인지 조언을 주실 것이다.

10. 성장성

이것은 정말 선배들의 도움이 필요한 분야이다. 내가 지원하고자 하
는 산업 분야와 회사의 성장 가능성을 지원자인 내가 판단하기는 어렵
다. 회사의 안정성도 매우 중요하지만 적어도 꾸준히 성장할 수 있는
사업 아이템과 잠재력은 갖추어야 하지 않겠는가? 지금 아무리 이익을
많이 내고 있는 회사라도 투기에 가깝고 수명이 짧은 불안한 사업을 하
고 있다면 언제 망할지 아무도 모르니 장기적 성장성은 거의 없다고 봐
야 할 것이다.

필자는 "안정적인 성장성"이라고 표현하는데, 장기적인 발전 가능성
을 판단해 보기 바란다. 회사가 성장하지 않으면, 승진할 기회도 거의
없고, 이익이 많이 발생하지 않으면 자연스런 연봉 인상도 기대하기 어
렵다.

또 하나의 관점은 대기업과 중소기업의 비교인데, 일반적인 선택 방
향과는 달리 자신의 성격과 야심에 따라 색다른 선택을 하여 성공 가도
를 달리는 사람들도 많다. 중소기업을 선택하여 빨리 배우고 승진해서

좀 더 높은 확률로 사장까지 도전해 보겠다는 선택이다. 대기업보다는 중소기업의 사내 경쟁이 덜 치열하고, 노력하고 성과가 우수한 직원이 발탁되는 확률이 더 높기 때문이다. 또한 스스로 우수한 인재이고 열심히 노력하고 회사에 충성할 자신이 있다면, 중소기업이 뜻을 펼칠 수 있는 좋은 기회가 될 것이다. ("사례 3. 중소기업에서의 성공" 편을 참고하기 바란다.)

이상으로 중요한 직장 선택의 기준 10가지를 살펴보았다. 개인별로 중요시하는 기준이 다를 수 있으며, 또 다른 선택 기준을 추가로 고려할 수도 있을 것이다. 각자 현실적인 상황과 성향에 따라 각 선택 기준의 가중치를 달리 하여 판단 기준으로 삼기 바란다.

향후 개인 사업을 고려하고 있는 경우라면, 그 사업의 기반이 될 수 있는 전문적 기술이나 인맥을 확보할 수 있는 기회가 많은 직업과 회사, 직책이 가장 좋을 것이다. 영어에 자신이 있고 해외 근무를 선호한다면 해외 주재 기회가 많은 회사가 좋을 것이다. 개인적인 특별한 꿈이 있는 경우라면 그것을 최우선의 선택 기준으로 하여 우물을 파는 것이 좋다.

앞에서 자신이 정리했던 〈나의 직장 선택 기준〉 양식을 보면서 수정해야 할 내용은 없는지 다시 검토해 보자.

이제 현실적으로 곧 직장을 선택해야 하는 상황에 처해 있다고 하자.
백지에 자신이 선택할 수 있는 직장을 몇 개 써 놓고, 시간이 날 때마다 자신의 입사 가능성과 각각의 선택 기준을 비교하여 정리해 보라. 신중하게 적어도 수개월간 계속 조금씩 추가하며 정리해 보아야 진정으로 내가 원하는 직장을 선택했다는 마음이 생길 것이다. 건성으로 지원하여 운 좋게 입사가 되어도 내가 원하던 직장이 아니라서 곧 이직을 시도하는 시행착오는 점점 많이 나타나는 노동 시장의 모습이기도 하다.

또한 나의 경력 계획 상 이 회사에서 몇 년을 재직하기 원하는지를 생각해 보고, 회사 최고 경영자에 대해 외부에서 보는 이미지만 신뢰하지 말고, 실제 사내에서의 업무 스타일과 윤리적인 평가, 일에 대한 성실성 등을 조사하고 같이 검토해 보라. 승진하면서 직급이 올라가면 점점 최고 경영자(특히 오너) 가까이 가게 되고, 그 분과의 업무 스타일과 인간적 신뢰가 점점 더 중요해지기 때문이다. 누가 괴팍하고 이기적이며 비합리적인 성향의 보스를 모시고 일하고 싶어 하겠는가?

취업에 실패하는 경우에 대비하여 "차선의 선택"도 준비해 두어야 한다. 지금 시도하는 취업 도전이 실패하면, 그 다음 내가 할 일을 생각해 두자. 보통은 학업 계속, 사업 시작, 다른 직업을 위한 전문 교육 수강 등이 있는데, 물론 다양하게 다른 일을 더 찾아볼 수 있겠다. 전화위복이 될 수도 있고.

세상에는 좋기만 한 일도 없고, 나쁘기만 한 일도 없다.

최대한 많은 정보를 동원하고 자신이 세운 직업, 직장 선택의 기준에 따라 판단하라.

Chapter **2**

KNOWHOW of OFFICE WORKER to SUCCESS

경력 계획 세우기

--- 이제 가장 중요한 시간!!
나를 위한 나만의 비밀 계획을 만들어 보자. 현실적이면
서도 도전 의식을 일깨우는 목표를 세우고,
빈틈없는 실천 계획까지 조목조목 정리해 두자.
그리고 차근차근 성공의 계단을 밟아 올라가
"나의 성공 신화"를 만들어 보자.

현재 취업을 앞두고 있는 상태에서 계획을 수립해 보는 것과 이미 회사에 들어가 일을 시작한 다음에 계획을 수립하는 것은 구체적인 내용을 작성을 할 수 있느냐 없느냐의 큰 차이가 있다.

아직 취업을 하지 않았다면, 자신의 꿈을 따라 막연하지만 목표 자체에 의미를 두고 계획을 수립하면 좋을 것이다. 이미 재직 중인 경우라면 회사 조직표를 펴 놓고, 자신의 현재 위치를 표시한 다음 어떤 길을 따라 임원, 사장까지 성장해 갈 것인지 줄을 그어 보면 매우 구체적인 계획이 될 것이다.

이 경력 계획은 "구체적 행동 계획"으로서 실천해야만 차근차근 원하는 방향으로 성장할 수 있으며, 그에 따라 성공의 결실도 얻을 수 있다.

경력 계획의 수립 과정

1. 자신의 현재 상황 분석

   나의 능력, 성격, 잠재력, 선호하는 방향

2. 목표 설정

   현재 직업에서의 성장 목표

3. 경력 계획(Career Development Plan) 작성 및 실천

   구체적인 일정 계획

4. 성과에 따라 지속적 수정 보완

   현실과 바라는 방향의 변화에 따른 수정

자신의 현재 상황 분석 :
나는 지금
어디쯤 서 있는가?

자신의 현재 상황을 냉정하게 점수를 매겨 보자. 자신과 경력 연수, 학력 등이 비슷한 평균적인 직장인 그룹을 가정하여, 상대적인 비교 점수로 평가하면 된다. 1은 "매우 아니다", 5는 "매우 그렇다"로 점수를 선택한다.

개선할 수 있는 여지가 많은 항목이 파악될 것이다. 물론 도저히 개선할 수 없는 항목도 있을 것이다.

이 평가표는 자신이 속한 회사의 특성이나 직종의 특수성에 따라 좀 더 구체적으로 평가요소를 첨삭하여 사용하면 좋다. 선배를 통해 자료를 수집해 보자. 예를 들어, 콜센터 직원이나 고객 서비스 부서의 직원이라면 호감 가는 밝은 목소리와 침착한 성격 등이 될 것이다.

나의 현재 상황 분석		
	얼마나 적극적인 성격인가?	1 2 3 4 5
	인내심은 강한가?	1 2 3 4 5
	머리가 좋다고 생각하는가?	1 2 3 4 5
	체력은 좋은가?	1 2 3 4 5
	다른 사람을 배려하는 성격인가?	1 2 3 4 5
	외모가 호감을 주는 형인가?	1 2 3 4 5
	계획을 세우면 철저히 실천하는가?	1 2 3 4 5
나의 성향	조직의 룰에 성실히 따르는 형인가?	1 2 3 4 5
(개인적인 면)	사회적인 윤리 감각이 뛰어난가?	1 2 3 4 5
	다른 사람의 말을 잘 경청하는가?	1 2 3 4 5
	리더십이 있는가? 조직의 우두머리를 하려는 성격인가?	1 2 3 4 5
	유머가 있는 스타일인가?	1 2 3 4 5
	의사 소통 능력이 좋은가?	1 2 3 4 5
	외국어 능력이 우수한가? (영어, 중국어, 일어 등)	1 2 3 4 5
	적절한 학력을 갖추었는가? (석사, 박사, 해외 MBA 등)	1 2 3 4 5
	일을 최대한 빨리 완벽하게 처리하고자 하는가?	1 2 3 4 5
	현재 업무는 적성에 잘 맞는가?	1 2 3 4 5
	현재 업무는 자신의 전공과 관련이 많은가?	1 2 3 4 5
	회사와 상사의 지시에 잘 복종하는가?	1 2 3 4 5
	업무에 대한 지식과 기술이 좋은가?	1 2 3 4 5
나의 업무	출근 시간 등 근태가 성실한가?	1 2 3 4 5
(업무와 관련	힘든 일, 예외 상황을 적극적으로 수용하는가?	1 2 3 4 5
하여)	다른 지원자들이 요청하면 적극적으로 도움을 주는가?	1 2 3 4 5
	내가 필요하면 적극적으로 도움을 요청하는가?	1 2 3 4 5
	나는 주위 사람들에게 즐거움을 주려고 노력하는가?	1 2 3 4 5
	나는 인기 있는 직원인가?	1 2 3 4 5
	후배 또는 부하 직원을 적극적으로 리드하는가?	1 2 3 4 5

목표 설정 :
나는 어디까지
승진하길 원하는가?

그 다음은 스스로 경력의 목표를 정하는 일인데, 우선 다음 도표를
보자. 대다수의 직장인들은 아래 도표에 있는 경력 유형 7가지 중에서
하나의 길을 걷는다.

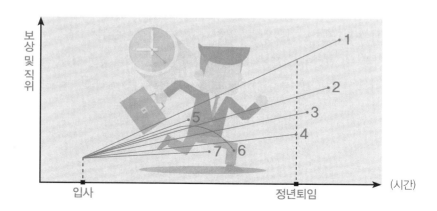

1번 경력 초기부터 인정받아 끝까지 승승장구하여 최고의 위치(고위임원, 사장 등)에서 은퇴하는 경우

2번 1번보다는 약간 떨어지지만, 우수하게 계속 발전하고 초기에는 자신보다 앞서 갔던 동료들보다 더 성장하여 훌륭한 위치(적어도 임원급)에서 은퇴하는 경우

3번 약간 우수한 직원으로서 꾸준히 성장하여 훌륭한 위치(고위관리직, 고위전문직, 임원급)에서 은퇴하는 경우

4번 경력 초기부터 우수한 성과를 내지는 못했으나 꾸준히 발전하여 웬만한 위치(고위 관리직 정도)에서 은퇴하는 경우

5번 상당히 우수하게 성장하다가 어떤 이유로든 중간에 경력을 마감하는 경우

6번 상당히 우수하게 성장하다가 어떤 이유로든 좌절을 겪고, 퇴보를 경험하고, 중간에 경력을 마감하는 경우

7번 처음부터 성과가 나쁘고, 늦은 승진과 낮은 발전 가능성 때문에 일찍 경력을 마감하는 경우

어떤 길을 원하는가? 물론 원한다고 다 이루어지는 것은 아니지만 적어도 1, 2, 3번이 목표가 되어야 하지 않겠는가? 좋은 성과를 내고, 인정받으며, 꾸준히 성장하여 적어도 임원급으로 경력을 마감하는 성공한 직장인의 모습을 목표로 하자.

경력 계획 작성 및 실천 : 내가 원하는 자리에 가기 위한 준비

다음 개념을 먼저 이해해 보자.

Career Goal 자신의 구체적인 최종 경력 목표

컨설턴트라면 글로벌 파트너, 금융투자/자산운용 전문가라면 CIO(Chief Investment Officer), 재무 분야 직원이라면 CFO(Chief Financial Officer) 등이 될 수 있다. 물론, CEO(Chief Executive Officer, 최고경영자)도 큰 목표가 될 수 있는데, 최근에는 꼭 경영 관련 분야 출신이 아닌 기술 분야 출신이 CEO가 되기도 한다.

Career Peak 자신의 경력에서 가장 발전하였을 때의 직책

보통은 은퇴하는 시점이지만, 중간에 경력을 마감하면 그렇지 않

다. 혹은 중간에 경력상 퇴보가 있는 경우에도 그러하다. 얼마나 빨리 Career Peak에 이르는 것이 목표인지에 따라 경력 계획이 상당히 달라질 수 있기 때문에 염두에 두어야 할 개념이다.

직종별로 큰 차이가 있는데, 보통 공기업 같은 보수적인 조직에서는 아마도 퇴직 시점이 될 것이고, 투자은행의 영업직이라면 30대 초, 중반이 Career Peak여서 그 이후의 관리직은 직급은 높지만 수입과 업무의 중요성이 상대적으로 낮아진다.

최근 국내 은행에서 시행하는 "임금피크제"는 만 55세에 도달한 직원이 이 제도를 선택하면, 59세까지 재직할 수 있는 반면 55세 당시 연봉의 60% 선까지 매년 줄어드는 제도이다. 55세를 Career Peak로 서로 인정하는 셈인데, 당장 퇴직하는 것보다 안정적으로 장기간 더 근무할 수 있어 많은 직원이 선호하며, 이런 추세는 계속될 것이다.

Career Path 자신의 경력을 발전시키면서 거쳐 갈 다양한 직책을 구체적으로 나열해 보는 것이다.

다음은 IBM 재직 시 필자가 그렸던 것이다.

영업 대표 → 영업 부장 → 영업 지원 부서장 → 영업 본부장 →

영업 임원 → 사장 → 아시아 지역 대표

실제로는 중간에 인사 부장이 되었고, 영업 지원 부서장을 거쳐 다시 영업 부장을 하다가 퇴임했다. 그리고는 업종이 전혀 다른 헤드헌터의 길을 시작하게 되었다. IBM에 계속 다녔다면 위와 같은 Career Path를 따라 성장하는 것이 자연스런 목표가 되었으리라.

잊지 말아야 것이 한 가지 있다. 바로 Major Career. 누구한테나 "내가 이 분야 전문가요." 또는 "나는 이 회사 출신이요." 할 수 있는, 10년 이상 내가 경력을 쌓은 "전공"이 있어야 한다. 비록 컨버전스(convergence)의 시대라고는 하지만, 일단 전공 하나는 확실하게 있고 난 다음 이야기다. 필자는 "한국 IBM에서 영업과 인사 업무를 했고, IT 분야 헤드헌터를 10년 정도 한 사람입니다."라고 하면, 간략하게 경력 소개가 다 된 셈이다. 너무 자주 회사를 옮겨 다니는 것도 피해야 하지만 회사 내에서도 연관이 없는 자리를 자주 옮겨 다니는 것은 특히 경력 초기 단계에서는 피해야 한다. 업무 전공이 애매한 경력자는 경력 후반부에 그 다음을 계획하기가 어려워진다.

앞의 개념을 고려해서 각자의 경력 계획을 만들어 보자. 앞서 작성했던 나의 현재 상황 분석을 참고하여 Career Goal을 달성하기 위해 노력해야 할 내용을 정리해 보는 것이다. 각 단계별로 가능한 구체적 대안(영업 부장이 아니면 교육지원 부장 또는 기술영업 부장)을 반영하여 가장 확률이 높은 계획을 세우고, 이것을 바탕으로 실행 계획을 세워야 함을 잊지 말자. Career Peak를 언제, 어느 정도 목표로 두는가에 따라 현실적인 시간 투자 가능성을 반영해야 한다.

직장인으로서 성공하기 위한 요소는 무엇일까? 최종 경력 계획 수립 단계에서 자신이 갖추고 있는 점과 성공 요소를 비교하여 현재 모자라는 분야를 찾아 Career Goal을 달성하기 위해 구체적으로 어떤 노력을 기울일 것인지 반영해야 완벽한 계획이 될 것이다.

다음 성공 요소는 필자의 관찰에 따른 주관적 목록이므로 이를 참고하기 바란다.

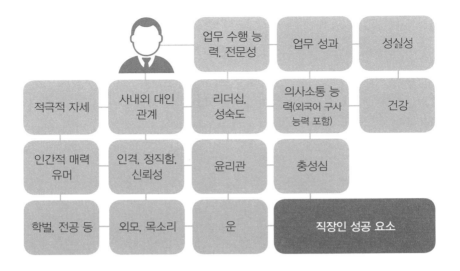

업무 수행 능력, 전문성 — 업무 성과 — 성실성

적극적 자세 — 사내외 대인 관계 — 리더십, 성숙도 — 의사소통 능력(외국어 구사 능력 포함) — 건강

인간적 매력 유머 — 인격, 정직함, 신뢰성 — 윤리관 — 충성심

학벌, 전공 등 — 외모, 목소리 — 운 — **직장인 성공 요소**

학벌, 전공, 외모, 운, 아래쪽의 항목은 언제나 그런 것이 아니지만 무시할 수 없는 것이 현실이다. 그러나 낙담할 필요는 없다. 이 부분이 상대적으로 약한 사람은 다른 성공 요소를 더 강화하면 된다.

다음은 경력 계획 수립 후에 실천 계획으로 나타나는 항목을 정리하였다. 집중해서 꾸준히 노력해야 성과를 거둘 수 있다. 현실적으로는 여기에 주위 환경 변화와 운에 따라 성공의 정도는 차이가 있다. 그러나 어떤 노력도 하지 않는다면 성공할 확률은 0이므로 할 수 있는 최선을 다하고, 회사의 선택을 기다려야 한다. 반드시 명확한 목표 달성 날짜를 정하여 계획을 짜고, 관리해 가는 것이 좋다.

1. 학업 및 외국어 능력 향상

야간 대학원을 다니며 자신의 전공을 보완하거나 학원을 다니며 외국어 능력을 향상시킨다. 회사에서 학비를 지원하는 경우도 있으나 크게 연연하지 않아야 한다. 먼저 노력하는 모습을 보이면서 장기간 계속 회사에서도 그 진심과 의지를 높이 평가하여 차후에 지원을 약속할 수도 있다.

업무에 필요한 외국어를 습득해야 하는데, 방향이 뚜렷하지 않은 토익 학원 등은 지양하는 것이 좋다. 결국 학원비 문제가 아니라 스스로 의지만 있다면 무료 TV, 라디오, 인터넷 강좌로도 충분한 효과를 볼 수 있다고 생각한다. 어려움 속에서 의지가 더 강해지고 더 악착같은 노력의 산물로 큰 효과를 보기도 한다. 출근길 지하철에서 이어폰을 끼고 있는 많은 직장인 중에 적어도 몇 명은 외국어 듣기 연습을 하고 있을 것이다.

업무와 관련해 가장 효과적인 외국어 능력 개발 방법은 실제로 해당 외국어를 사용하는 직책에서 근무하는 것으로서, 어느 정도의 능력이 있을 경우 해외 근무, 해외 영업 등 업무를 자청하여 도전해 보자. 외국어 능력을 향상시킬 수 있는 결정적인 기회가 될 것이다.

2. 체력 단련

근무 시간 전후에 스포츠센터를 이용하거나 수영, 요가, 검도, 단전호흡 등을 한다. 주말에는 달리기, 축구, 등산, 자전거, 스키 등을 하는 것도 좋다. 집에서도 스트레칭과 간단한 근육 훈련을 할 수도 있다. 아니면 더 적극적으로 자출족(자전거로 출퇴근하는 사람들)을 하거나 걸어서 출퇴근하는 이도 있다.

자신에게 알맞은 운동을 택하되, 규칙적으로 시간을 정해 오랫동안 계속하여 습관이 되도록 하자. 체력이 약하다면 더욱 노력하고 신경을 써야 한다. 건강이 좋지 않으면 임원 승진이 불가능하다고 할 수 있다.

병치레가 잦거나 지병이 있어도 큰 스트레스를 이겨내며 업무를 수행해야 하는 임원으로 재직하기 어렵다. 실제로 건강 문제로 승진이 되지 않거나 중도 하차하여 퇴직하면, 그 동안의 노력이 너무 아깝다. 중병으로 퇴직하는 경우도 가끔 보는데, 체력 단련뿐만 아니라 기본적인 건강 검진과 건강한 생활 습관 등 평소 꾸준히 건강을 관리해야 한다.

3. 의사소통 능력, 성격 개선

최근 스피치 학원을 다니는 젊은 직장인이 늘고 있고, PI(Personal Image)에 대한 관심과 학원 수강도 많아졌다. 외모 지상주의와 비슷하게 보는 사람도 있으나 필자는 적극 찬성하는 쪽이다. 스스로 부족하다고 느끼는 부분은 능동적으로 보완해야 한다. 첫인상을 좋게 하기 위한 성형도 가능할 것이고, 헤어스타일과 근무 복장 스타일에 변화를 주는 것도 좋다.

처세술과 관련한 책을 읽고, 자신에게 필요한 것을 알고 따라해 본다거나 경청, 타인을 배려하는 마음, 적극적인 태도 등을 점검하고 개선해 가야 한다. 윗사람들과 잘 어울리기 위해 최신 가요를 배우고, 유쾌한 유머를 메모해 놓고 응용하는 것, 마술이나 악기를 배우는 것 등은 스스로도 즐겁고 사회 생활에도 도움이 된다. 그러나 기본적으로 회사 내의 선후배, 상사들과 사적인 자리도 많이 하여 서로 마음을 열고 이해하는 관계로 만들어 가는 것이 중요하다. 더불어 회사 외부의 인맥도 꾸준히 넓혀 가자.

4. 회사 생활 습관의 개선

• 남들보다 30분 먼저 출근해서 업무 준비도 하고, 신문도 읽고, 동료, 선배에게 커피도 한잔 타 주자.

- 일주일에 한 번은 종교 시간을 갖거나 조용히 나를 돌아보자.
- 나를 어떻게 평가하고 있는지 주위 사람에게 묻고 들어 보자. 특히 상사에게.
- 밝게 웃는 모습을 많이 보이라.
- 어려운 일이 있으면 먼저 나서서 내가 하겠다고 자청하라.

10년이 쌓이고, 20년이 쌓이면 나는 다른 사람이 되어 성공해 있을 것이다. 아무리 많은 처세술 책을 읽어도 소용없다. 한 가지라도 실천하지 않으면.

5. 기타

그 외에 스트레스 해소를 위한 취미 활동, 동호회 활동, SNS 활동 등에 적극 참여하는 모습이 유리하다고 생각한다. 예를 들어, "나는 고사양 스마트폰은 관심 없다."는 자세보다는 먼저 고사양 스마트폰을 사서 새로운 앱을 설치하고, 경험해서 주위에 가르쳐 주는 것이다. 당장은 인기가 조금 오르는 정도겠지만, 상사의 머리에는 항상 새로운 것에 도전하고 IT에도 상식이 많은 진취적인 직원으로 각인될 것이다. 산만하다는 인상을 주지 않도록 조심해야 한다. 과유불급을 잊지 말자.

다음 경력 계획의 예를 한번 살펴보자.

Career Development Plan			
이름/직책/회사	홍길동	마케팅부 국내 유통 담당 대리	㈜XXX
작성일자	2011. 3. XX.		
Career Goal	20년 후(2031년) 우리 회사 CEO		
Career Path	2011 2013 2015-2020 2020-2025 2025-2030 2031	현재 마케팅부 대리 상품기획부로 전배 신청/근무 마케팅부 해외담당 또는 상품기획부에서 근무하여 부장 승진 마케팅부 국내, 해외 또는 영업부에서 부서장(부장)으로 근무 마케팅 또는 영업 담당 임원으로 승진 대표이사 취임		

실행 계획(Action Plan)		
항목	내용	기간/예정 시간
1 영어 능력 향상	새벽 영어 학원 수강 : 말하기, 듣기, 프레젠테이션 인터넷 생활 영어 수강 영문 주간지 정기 구독	2011 ~ 2013 2011 ~ 2015 2011 ~
2 체력 단련 / 취미	회사 등산 동호회 활동 주말 조깅 회사 사진 동호회 활동 회사 봉사활동 적극 참여	2011 ~ 2011 ~ 2013 ~ 2012 ~
3 해외 관련 업무 요청 및 근무	영어 능력 배양 후 해외 마케팅 담당으로 전배	2014 중 요청, 2015 ~ 근무
4 교육 수강	신임 과장, 차장, 부장 연수 프로그램 회사 직무 관련 연수 마케팅 전공 온라인 석사 과정 신청 및 수강	2015 ~ 2024 2011 ~ 2013 ~ 2014
5 기타	Twitter, Facebook 열심히 하기 악기 한 가지 배우기	2011 ~ 2015 ~

개인적 계획 2014 ~ 2015 결혼

기술직 전문가라면 구체적인 자격증과 전문 교육 수강 등이 포함될 것이고, 10년 후에는 독립하여 사업을 시작할 계획이면 일정도 그에 맞춰야 한다. 그러나 일단은 이 회사에서 직장인으로 성공을 위해 최선을 다하는 것이 먼저다.

❖ 성과에 따라 지속적 수정 보완

계획을 장기간으로 세웠다면 변화하는 상황에 맞게 수정도 해야 한다. 경력 방향 자체가 필자처럼 완전히 바뀌는 경우도 있고, 시대 변화에 따라 더 매력적인 직종이 새로 생기고, 지금 내가 하는 일이 없어지기도 할 것이다. 결국 노력하는 자세와 실천하는 행동이 중요하지 상세한 Career Path 하나하나의 달성이 중요한 것은 아니다. 스스로 상황 변화에 적응하며 자신의 경력을 주도해 가야 한다고 마음먹자.

자신의 의지가 중요하다고 하여 전적으로 자신의 지식과 판단에만 의지하라는 뜻은 아니며, 주위의 도움을 받아야 한다. 비슷한 업종의 선배나 가능하다면 Career Coach(아직 국내에서는 생소하나 주위의 경험자 등을 언급하는 것으로 이해하면 됨)의 도움을 받으면 좋을 것이다.

- 스스로 주도하여 나 자신만의 경력 계획을 작성하고, 실천하라.
- 필요 시 주위의 도움을 받고, 현실적인 유연한 계획을 유지하라.

자, 이제 당신의 경력 계획(Career Development Plan)을 작성해 보라.

Career Development Plan			
이름/직책/회사			
작성일자			
Career Goal			
Career Path			

실행계획(Action Plan) 및 실제 결과 업데이트			
항목	내용	시작 계획일	실제 시작일
1			
2			
3			
4			
5			

개인적 계획

Chapter 3

KNOWHOW of OFFICE WORKER to SUCCESS

직장인의 고뇌

--- 일을 하는데, 스트레스가 없고, 고뇌가 없을 수 있겠는가? 사람마다 내용이 다르고, 느끼는 정도가 다르고, 나이가 들면서 변화가 있겠지만 피할 수 없는 것이다.

이 장에서는 나이대 별로 그 당시의 주요 고뇌가 무엇이며, 어떻게 대처하는 것이 좋을지 생각해 보기로 한다. 직장인으로 평생을 살아가면서 맞닥뜨리게 될 것인데, 지금 먼저 살펴봄으로써 앞으로 경력 계획과 마음의 준비에 도움이 될 것이다.

20대에서
30대 중반까지 :
입사 5년차의 고뇌

입사 5년 차 송 대리

　오늘도 오전 7:30까지 출근. 한 달째 수출 목표 초과 달성을 위해 유럽 수출팀 전원이 전력투구하고 있다. 회사 전체 실적은 좋은 편인데, 경제 위기 영향을 받고 있는 유럽 지역 수출 실적은 목표 달성이 어려워 보이니 어쩔 수 없다.

　몇 년 전까지만 해도 꾸준한 실적 증가와 간혹 유럽 출장 기회도 있어 누구나 오고 싶어 하는 부서였는데, 요즈음은 영 피곤한 부서가 되고 말았다. 이렇게까지 무리하지 않아도 될 것 같은데, 부서장 김 부장이 좀 심한 것 같다. 내년 상무보 진급을 노리고 있으니 회사 지시에만 따르고 직원들의 고충은 안중에도 없는 것 같다.

　딸의 잠든 얼굴을 보고 출퇴근한 지 한 달은 된 것 같다. 연말까

지 휴일도 모두 반납했다. 내년 초에는 아내와 딸을 데리고 눈 구경
하러 평창 처가에 며칠 다녀와야겠다.

어젯밤에는 아내와 지난번 상의하던 아파트 구입 작전을 마무리
지었다. 일단 생애 최초 대출을 이용하고, 그 동안 모은 저금과 회
사의 주택 마련 대출 지원금까지 동원해서 새로 분양하는 국민주택
을 신청하기로 했다. 출퇴근 거리도 괜찮고, 생활환경도 좋아 아내
와 나는 기대가 크다. 좋은 층에 추첨이 잘돼야 할 텐데….

최근에 체중이 많이 늘었다. 아내는 내 배를 보더니 이제는 관리
를 하라고 타박을 하고, 회사 건강 검진에서도 운동, 다이어트 등
조치가 필요하다는 결과를 받았다. 회사에 막 입사했을 때는 훈남
포스가 흐른다는 소리도 들었는데…. 내년부터는 정말 아침 운동을
시작해야겠다. 결혼하면서 중단했던 바다낚시도 다시 할 생각이다.
아내와 딸도 데리고 다녀야지.

유학 가서 생명공학 박사 학위를 받고 지난주에 귀국한 친구 환
영회를 했다. 한때 대학 입시에 낙방하여 고민을 토로하던 친구였
는데, 이제 박사님이 되어 당당한 모습으로 나타났다. 다음 달부터
국책연구소에 선임연구원으로 근무를 시작하는데, 연구원 사옥도
제공되고, 조건이 좋은 것 같았다. 앞으로 생명공학 분야가 얼마나
성장 잠재력이 큰지 열심히 설명하는 모습이 보기 좋았다. 부러운
생각이 들었다. 매일 실적에 매달려 뛰어다니고, 상사 눈치 보고,
바쁘게 살아가는 나와는 다르겠지….

송 대리의 모습이 바로 우리 사회 대다수 젊은 직장인의 살아가는 모
습일 것이다. 개인적 상황과 직업에 따라, 직장에 따라 당연히 차이가
많겠지만 처한 상황은 크게 다르지 않다. 신입으로 입사하여 열심히 일

을 배우고 성장하며, 점점 업무 부담이 커져가고, 가족 부양의 책임감도 느끼기 시작하는 시기이다. 여성이라면 육아의 부담도 큰 걱정거리가 될 것이며, 첫 직장에 대한 평가도 해 보기 시작할 때이다.

〈이 시기의 걱정거리〉

이 시기는 친구와 직장 동료가 가장 편한 대화 상대이자 어려울 때 도움을 주고받을 수 있는 고마운 존재이다. 그러나 좋은 인맥을 구축해 가는 시작점이기도 하므로, 여러 선후배와 진심으로 교류하며 지내기를 당부한다. 긴 직장생활에서 미래에 누가 나에게 정말 필요한 도움을 주는 사람이 될지 지금은 잘 모른다. 능력 있고 인간적이며, 나와 코드가 맞아서 같이 있으면 즐거운 사람들을 많이 사귀어 가기 바란다. 같이 술도 한잔하고, 취미 활동도 하며 즐거움을 나누는 친구이자 직장인의 고충과 사적인 번민을 덜어줄 심리적 동반자가 되어 줄 것이다.

필자가 이 책을 내는 이유는 바로 이 세대들에게 해주고 싶은 말이 많기 때문이다. 학교에서 배우는 시기를 지나 진정한 프로로서 일하고, 평가 받고, 보상 받는 자신의 경력을 만들어 가는 시작점인 시기. 부디 자신감을 가지고, 나태하지 말고, 너무 나대지도 않으면서 주위의 좋은 평가(성과와 인성에서)를 받으며 성장해 갈 수 있는 전문성, 정신력, 체력을 배양하는 데 집중하기 바란다.

아직은 직장생활을 어떻게 해야 할지, 인맥이 왜 중요한지, 어느 정도 집중하고 노력을 기울여야 충분한지 감이 확실히 오진 않을 때이다. 당연하다. 아무리 주위에서 선의의 코치를 해도 스스로 경험하기 전까지는 진심으로 이해하고, 수용하기 어렵기 때문이다. 내 편인 선배의 코치를 귀담아 듣고 실행에 옮기기 바란다.

30대 후반에서 40대 중반까지 : 입사 15년 차의 고뇌

입사 15년 차 박 차장

　중견 제조업체 총무부와 남부 영업소 관리팀장을 거쳐 차장으로 승진하면서 인사부로 배치 받아 벌써 3년이 지났다. 빠르지도 늦지도 않게 승진하면서, 지금까지 그럭저럭 회사생활을 잘하고 있다. 주말이면 중형차를 몰고 초등학교 다니는 아들과 딸을 데리고 야외 활동도 하고, 아내와 일 년에 한번 해외여행을 하는 정도로 여가도 즐기고 있다. 작년에 드디어 서울 외곽이기는 하지만 아파트를 장만했다. 현금은 주식과 펀드에 안전하게 투자도 하고 있다. '나는 대한민국 중산층이다.'라는 생각이다.

　최근 고민거리가 생겼다. 아이들 과외비가 한 달에 거의 백만 원이 되어 생활비에 큰 부담이 되기 시작했고, 해외 수학여행비 같은 것은 목돈이 들어간다는 점이다. 아내 이야기를 들어 보면 주위 다른 학부형들도 다 비슷한 상황이란다. 아이들이 고등학생이 되면 학군이 좋은 곳으로 이사를 가야 할지도 모른다. 전세금도 계속 오르는데, 그때 되면 좀 나아지겠지.

올해만 지나면 부장 승진 대상이다. 임원은 아니라도 부장까지는 가야 할텐데 걱정이다. 평직원일 때 생각하고는 정말 많이 달라졌다고 느낀다. 점점 더 중요한 일을 책임지고, 이젠 부서 직원도 20명이 되어 전체를 관리하는 것도 신경이 많이 쓰인다. 지난 달에는 업무 성과가 너무 떨어지는 직원 한 명을 내보내느라고 애를 먹었다. 머리털이 천 개는 빠진 것 같았다.

회사에서는 당연한 업무라고 하며, 시내 한 대학교에서 진행하는 "고급 관리자를 위한 야간 MBA"(6개월 과정)을 다음 달부터 다니라고 한다. 공부는 좋은데 업무와 병행하느라 체력적으로 좀 힘들겠지 싶다. 체력이 약하면 아예 승진이 안 된다는데, 최근에 승진한 임원들을 보면 맞는 이야기이다. 나도 임원이 되려면 건강 관리도 잘하고, 보약도 좀 챙겨먹어야겠다.

부모님, 장인 장모님도 연로하셔서 건강도 예전 같지 않아 마음이 쓰인다. 종종 찾아뵈어야 하는데 쉽지 않다. 아내와 아이들에게도 좀 더 신경 써야 하는데….

요즈음은 얼마 전 회사로 찾아 왔던 입사 동기 생각이 자꾸 난다. 퇴사한 지 2년이 되었는데 아직 새 직장에 마음을 붙이지 못한 것 같았다. 자꾸 "있을 때 잘하셔." 하면서 섣부른 전직의 실패담을 토해내고 있다. 조건이 아주 좋다는 선배의 말만 믿고 회사를 옮겼는데 너무 힘들고, 실망스러운 모양이다. 그보다 더 일찍 그만두고 이민을 떠난 동기, 자기 사업한다면서 지방에서 작은 유통업체를 세웠던 동기 이야기도 나왔다. 다들 열심히 살고 있지만 모두 성공적이라고 할 수는 없는 것 같다. 잘 참고 이 회사에 있는 것이 위안이 된다.

박 차장 역시 대한민국 대졸 화이트칼라 40대 남성 직장인의 평균적인 모습이다.

이 시기가 되면, 회사에서 핵심 인재인지 아닌지 판가름이 나고, 이에 따라 나름대로 현실적인 경력 계획을 세우고 경력상 다른 선택을 고민할 수도 있다. 관리자로서 한창 의욕적으로 일할 시기이며, 조직을 책임지며 리더십을 발휘하여 성취감을 느끼기도 하지만 그만큼 부담도 커진다.

자녀들의 교육 문제와 부모님의 건강뿐만 아니라 배우자와 자신의 건강에도 관심을 기울여야 하며, 경제적으로 부담이 가장 큰 시기이도 하다.

필자도 이 시기에 고민을 거듭하다가 새로운 일을 해 보기로 결정하였다. 직장인이라면 모두 그 전과는 다른, 좀 더 심각하고 큰 고민들이 생기고, 결정을 해야만 하는 상황이 된다.

이 시기에 필자 주위에도 많은 변화가 있었다. 건강 문제로 직장생활을 중단한 이, 이혼 등 가정 문제로 어려움을 겪은 이, 자녀 교육을 위해 해외로 이민을 가는 이도 있었다. 물론 새로 시작한 사업에서 큰 성공을 거두거나 전직을 해서 성공적인 결과를 보여주는 경우도 많아 부럽기도 했다. 성공 여부에 상관없이 모든 결정을 할 때는 점점 큰 부담을 감당해야 하고, 자신감은 점점 줄어들어서 현실적이고 안정을 찾는 시기이기도 하다.

연륜이 쌓이고 잠재력을 보일 수 있는 중요한 시기이므로 정신적 여

〈이 시기의 걱정거리〉

유를 가져야 한다. 다양한 가능성에 현혹되지 말고 현실적인 대응을 해야 하며, 특히 마음의 안정을 유지하면서 많은 책임을 완수해야 한다. 가족이나 부하 직원들에게 스트레스를 풀어 주위를 부담스럽게 만들지 않도록 주의하자.

이 시기에 그릇된 선택을 하여 결국 경력 상 손해를 보는 경우도 많다. 자신을 과대평가해서는 안 되며, 현실 감각도 잃지 않도록 해야 한다. 솔직하고 냉정한 평가와 조언을 해 줄 수 있는 사람이 필요한데, 직장 동료나 업계의 오랜 선배가 좋다. 신뢰할 수 있는 인맥의 중요성이 점점 크게 느껴지는 시기이다.

놓치기 쉬운 부분이 후배이다. 나중에 내가 중책을 맡았을 때, 중요한 일을 함께 할 후배가 필요하다. 내가 퇴임하거나 은퇴를 한 후에 현직에 있는 후배가 나에게 힘이 되어 줄 수도 있음을 잊지 말자. 정승이 죽으면 아무도 문상을 오지 않지만, 정승 집 개가 죽으면 문상객이 성시를 이룬다는 말이 있지 않은가? 내가 지위(권력)를 잃으면 대부분의 사업적 관계와 업무상 관계는 끊어진다. 이 시기에 오래 함께 할 선배,

친구, 후배가 누구인지 정해질 것이다. 깊은 우정을 주고받을 수 있는
인맥을 만들어 가야 한다.

40대 후반에서 50대까지 : 입사 20년 차의 고뇌

입사 20년차 김 상무

작년 한 해 목표를 크게 초과 달성하여 특별 상여금을 받아 매우 흐뭇하다. 이제는 회사생활을 어떻게 하고, 성과 관리와 인사 관리는 어떻게 할지 감이 잡히는데, 이 모두 퇴임한 전임 상사 덕분이라고 생각한다. 그가 부장일 때, 나를 왜 이렇게 못 살게 할까 생각했는데, 지나고 보니 임원 후보자로서 테스트였던 것 같다. 견디지 못한 이들은 임원이 되지 못했고, 회사를 떠난 이도 있다. 올해 벌써 임원 중 3명의 환송회를 했다. 당연한 일이겠지만 떠나는 분들의 표정이 밝아 보이지 않았다.

나도 저 자리의 주인공이 되겠지 하면서 현실적인 대비를 하지 않고 있어 불안하다. 열심히 재테크를 하고, 취미 생활을 하면서 노후를 대비하는 이도 있지만 나는 사장까지 승진하고 싶은 터라 업무 성과에 더 욕심을 내고 있다. 주말에도 취미 생활보다는 사업 관련 지인 등을 만나고 인맥 관리에 더 시간과 노력을 투자한다.

올해부터는 부서가 커져 일이 두 배가 되었지만 회사의 신임이 커졌다 생각하니 뿌듯하다. 회사에서 중책을 맡는 4~5명의 임원 중 한 명이 된 것이다. 이제는 대외적으로도 당당한 우리 회사의 대표적인 임원으로 보여야 한다. 품위 유지비와 기밀비 한도가 두 배로 올랐고, 매월 회장님께 하는 보고도 직접 한다.

며칠 전, 회사에서 지원하는 정밀 건강검진 결과를 보고 깜짝 놀랐다. 체중만 좀 조절하면 되겠지 짐작하고 있었는데, 여러 수치가 좋지 않았다. 당장 운동과 식사 조절을 시작해야 하고, 약도 먹어야 한단다. 막연히 건강 체질이니 괜찮다 생각하고 있었는데 이제는 건강 관리를 해야겠다.

친구 딸이 시집을 간단다. 조금 이른 감도 있으나 우리 딸을 보면 그 친구가 부러워지기도 한다. 어쨌든 부모로서의 책임을 다하는 느낌이 들 것 같아서…. 일단은 내년 대학 졸업을 앞둔 딸아이가 잘 취직해서 좋은 직장을 아빠처럼(?) 잘 다녔으면 하고 바란다.

얼마 전 대학 친구 모임에서 잡지 칼럼 이야기가 나왔다.

"一 建, 二 妻, 三 財, 四 事, 五 友" - 남자가 오십이 넘으면, 첫째로 건강, 둘째로 아내, 셋째로 재산, 넷째로 할 일, 다섯째로 친구가 가장 중요하다.

친구들 모두 진심으로 공감하였다. 이제는 어쩌면 더 중요한 인생의 후반부를 잘 살아야 한다는 숙제가 생겼다고 서로 위로하였다. 그리고 우린 적어도 "다섯째 한 가지"는 확보했다고 유쾌하게 웃었다.

이 시기는 임원이나 고급 관리자로서 회사에서 가장 바쁘고 책임이 무거운 때이다. 반면 무언가 성취하고, 기여한다는 성취감도 가장 클 때이다.

동시에 Career Peak를 경험하고 은퇴를 준비하는 시기로서, 여생을 편안하게 보내기 위한 재정 준비와 취미 등 여가를 위한 준비 등도 해야 한다. 회사를 그만두고 새로운 도전을 할 것이라면 교육을 받거나 사업 준비 등에 시간을 투자해야 한다.

〈이 시기의 걱정거리〉

평생 직장인으로 얼마나 잘 살아 왔는지 평가 점수가 나오는 시기이다. 임원 승진과 퇴직의 갈림길에 서 있고, 경험과 인맥을 바탕으로 최후의 결정을 해야 하는 시기이기도 하다.

건강을 잘 관리해서 경력을 마무리하는 중요한 시기이므로 영향을 끼치지 않도록 하자. "건강 100세", "100세 인생 계획" 등은 아직 우리 사회가 개인의 노후를 책임질 사회적 장치가 미비하여 개인이 더욱 철저히 준비해야 한다는 의미이기도 하다.

위에 나열한 주요 걱정거리 중 하나라도 포기할 수 있는 것이 있는가? 모든 것이 정말 중요한 시기이다. 이제는 무엇 하나 잘못되면, 회복하기 어렵다는 것이 더욱 부담스럽다. 따라서 더 조심하고 생각을 많이 해야 하고 스트레스도 많을 것이다.

필자도 50대 초반에 사업 실패를 경험하였고, 다시 직장인으로 돌아와 열심히 일하고 있다. 가족, 건강 등에도 신경을 많이 쓰고 있으며, 앞으로의 변화에 어떻게 준비해야 할지 고민도 많다. 주위의 조언과 경험이 가장 소중한 판단 기준이 될 것으로 생각하고 친구들, 선후배들과 계속 만나 즐거운 대화 속에서 답을 찾아갈 것이다. 활기차고 에너지 넘치는 사람들과 어울려 서로에게 힘이 되고 싶은 마음이다.

"50대 사춘기"라는 말이 자주 들린다. 앞만 보고 달렸는데 어느새 50대가 되고, 자녀들은 품을 떠나고, 자신이나 또래 친구들은 자의든 타의든 퇴직을 해야 할 시기이다. 호르몬의 변화로 사춘기 같은 감정 상태가 되는 것은 감당하기 어려울 수도 있다.

필자 주위에는 은퇴 후에 다양한 일을 새로 시작하여 의미 있고, 행복한 시간을 보내는 좋은 사례도 많다. 목사가 된 사람도 있고, 인문 대학원에 진학하여 유학을 전공하고 후학을 양성하는 사람도 있다. 자원봉사를 하는 사람, 귀농하여 농부가 된 사람도 있다. 이들의 공통점은 사전에 은퇴 시기를 계획하고, 재정 준비도 철저히 했다는 것이다.

하던 일과 관련 있는 일을 하면서 노후를 보내는 것도 좋겠지만 해보고 싶었던 일에 새로 도전하는 것도 의미 있지 않을까? 위험을 얼마나 감수할 것인가는 결국 선택의 문제일 것이다.

Chapter 4

최근의 변화
– 무엇이 변했고, 무엇이 변할 것인가?

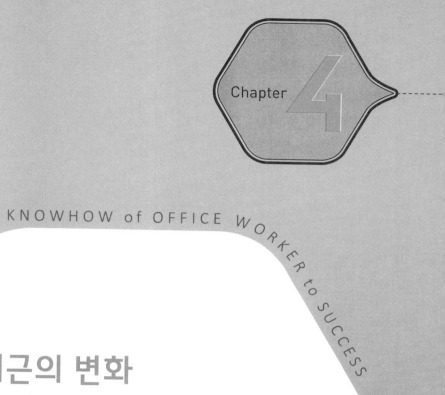

--- 　　뉴스에서는 매일 새로운 트렌드가
소개되고 기업은 생존을 위해 스피드
핵심 역량을 강조하며, 미래 인재의 조건으로
창의력과 컨버전스를 강조한다.
직장 선택의 기로에 있거나
경력 개발 계획을 수립할 때 이러한 다양한 변화와
추세를 고려해야 하는 이유는 무엇일까?
그것은 바로 현재의 독자가 원하는 Career Peak는
20년 정도 후에 도래하기 때문이다.

직업관/직업의 변화 흐름 : 10년 후에는?

💬 **1980년대 중반 대기업 대리로 근무하고 있던 A씨**

그의 아버지는 강남 땅 부자였다. 아버지는 대대로 밭농사를 하던 집안에서 태어나 농부로 살았는데, 강남 지역이 개발되면서 땅값이 폭등하여 땅 부자가 된 것이다. 직장생활을 굳이 하지 않아도 풍요롭게 살 수 있었지만 A씨는 그때부터 회사생활을 하고 있었다. 평생 사회적 지위 없이, 리더라는 위치에 한 번도 서지 못했던 아버님의 소원 때문이었다. 아들이 양복 입고, 넥타이 매고, 대기업에서 대리, 과장, 부장이 되는 걸 보고 싶었던 것이다. 그래야 유산을 다 물려줄 것이라고 하였다. A씨는 부장까지 20년을 재직한 후 독립하여 자신의 사업을 열심히 하였고, 아버님의 유산과 무관하게 성공적인 사회인으로 자리를 잡았다.

먹고 살 걱정은 없을 테니까 배부른 선택이라고 할 수도 있을 것이다. 그렇지만 노력하지 않고 성공하는 법은 없다. 그런데 우리가 생각해야 할 것은 이런 단순한 직업관이다. 급변하는 사회에서 하나의 직업을 가지고 인생을 보내는 경우는 급격히 줄어들 것이다. 좀 더 유연하고 다양한 기회를 받아들일 수 있도록 10년, 20년을 계획해 보라. 지금 잘나가는 직업, 직종이 계속 잘 나간다는 보장은 없다.

필자가 고등학생이던 1970년대는 무조건 고급 화이트칼라 직업을 최고라 여기면서 취업을 준비하던 시절이다. 법조인, 의사, 고위직 공무원, 교수, 연구원, 대기업 직원 등이 최고였다. 선비 같은 직업, 사회적 지위가 높은 직업으로서 사농공상 서열의 인식에서 완전히 벗어나지 못한 것이다.

그러나 1990년대 들어서면서 수입이 많고 대중의 관심을 받는 직업이 좋은 직업으로 서열화되면서 법조인, 의사, 벤처기업가, 연예인, 운동선수 등이 청소년들이 가장 선망하는 직업이 되었다. 그러다가 IMF 금융 위기를 거치면서 다시 안정적인 직업이 각광을 받게 되었고, 법조인, 의사, 교수, 공무원, 금융계, 공공기관, 대기업 직원이 인기가 높아졌다. 이때부터 공과대학 인기가 급락했고, 고시(사법, 행정, 외교, 의사, 한의사, 약사, 교사, 회계사, 세무사 등) 준비생 숫자가 폭발하기 시작했다. 여기에 여성도 직업을 갖는 것이 보편화되면서 안정적인 직업에 더욱 많은 지원자가 몰리게 되었다.

선진국의 변화 사례를 참고하면 미래도 예측해 볼 수 있을 것이다. 대표적으로 예상되는 변화가 다양한 직업 등장, 프리랜서의 보편화, 평생 직장의 붕괴, 경쟁의 격화 등이다. 과거에는 없던 직업인 호스피스, 헤드헌터, 여행 작가, 연예인 매니저, 바리스타, 소믈리에, 뮤지컬 배우, 애완견 스타일리스트 등이 이제는 전혀 낯설지 않다.

그리고 윤리적이고, 사회에 기여할 수 있는 기회를 소중히 여기는 바람직한 방향도 생겨났다. 사회적 기업이라는 회사 형태로 국가에서 지원을 받기도 하고, NGO 및 비영리단체가 탄생하며 상당한 일자리가 창출되고 있다. "앞으로 10년 후 인기 있을 직업 10가지" 뉴스를 보면 흥미롭다. 미국에서는 심리상담사, 헤드 헌터, 데이터베이스 분석가, 여행 디자이너, 헬스 코치 등을 꼽고 있다.

직업을 선택하는 기준과 일을 하는 자세 등 직업을 통하여 추구하는 가치가 많이 변한 것 같다. 과거 가족 부양이라는 최소한의 목표에서 자아실현, 자유, 재미, 명성 등 좀 더 고차원적인 목표로 가고 있고, 앞으로도 변화는 계속 될 것이다.

이런 추세를 고려하여 새로 생기는 직업을 유심히 파악해 보면서 먼저 시작할 기회를 잡을 수도 있다. 필자도 비슷한 기대를 하며, 헤드 헌터라는 직업이 국내에서는 아주 생소할 때 시작했다. 2nd Career의 가능성을 보고, 장기적으로 직업 변화를 주의 깊게 살펴보면서 자신에게 적합한 기회를 찾아보는 것도 좋다.

직장과 사업: 다르다고 생각하지 말자

40대 후반인 전 직장 후배로부터 오랜만에 연락이 왔다. 편안한 저녁에 여유 있게 식사도 하고 술 한잔 하면서 대화를 나누게 되었다. 그 후배는 20년 재직한 현 직장을 떠나 사업을 하고 싶다면서, 나의 의견을 한번 들어 보고 싶다고 찾아 왔던 것이다.

나는 그 후배에게 다음 다섯 가지를 물었다.

지금 직장에서 더 성공할 기회가 없을 것 같은가?
사업 아이템은 어느 정도 구체적인 성공 확신이 있는가?
자금, 조직, 고객 확보 등 사업을 위한 사전 준비가 되었는가?
사업에서 실패한다면 대안은 무엇인가?

가족과는 상의하였는가?

그리고 나의 최종 대답
"회사 다니는 것과 사업하는 것이 다 똑같더라."

경력 계획 작성에서는 "부장 승진" 같은 "결과"보다는 "국내 영업 총괄 업무" 같은 "내용"으로 작성하고, 향후 계획을 세워가는 것이 더 현실적이다.

요즈음 일부 회사에서 성과급, 스톡옵션, 자사주 배정, 사내 창업, 소사장 제도 등의 방법을 통하여 기여도에 따라 엄청난 보상이 가능한 변동 급여를 주고 있다. 마치 회사 안에서 내가 창업하여 어느 정도 독립된 사업을 하는 것처럼 느껴질 정도인데, 백화점에 내가 직접 점포를 임대하여 사업하는 것과 매우 흡사한 모양새이다. 잘 되면 많이 벌고, 안 되면 점포를 철수해야 한다. 또는 기술개발, 연구직 종사자, 예를 들어 업무상 출원한 특허에 대해서 회사와 권리를 공유하거나 큰 보상을 받는 등의 방법으로 마치 벤처 기업에서 신기술을 개발하여 대박을 내는 것과 비슷한 효과를 거둘 수도 있다. 직장에서도 잘 되면 억대의 수입이 보장되지만, 잘 못하면 일찍 회사를 나와야 한다. 사업도 성공할 확률이 높지 않다고 하지만 이제는 한 직장에서 정년퇴직을 맞이하는 것도 그만큼 힘들다.

요약하면, 직장이나 사업이나 근본적인 모습은 거의 같다. 직장생활도 사업하는 것처럼 전력투구해야 하며, 치열한 승진 경쟁에서 이겨야 살아남을 수 있다. 변동 급여가 크게 늘고, 직장의 안정성이 낮아지면서 사업과 비슷한 모습이 된 것이다. 물론 아직 차이는 많지만, 마음 자세를 사업하듯이 회사를 다닌다고 하면 스스로 긴장이 될 것이다.

종전에는 완전히 다른 상반된 선택이라고 여겼지만 이제는 비슷한 모습이며, 사업을 하다가 다시 직장인으로 돌아오는 경우도 많아지고, 직장을 다니다가 사업을 시작하는 경우도 점점 늘고 있다.

글로벌화 :
이제 그들이
우리에게 오고 있다

헤드헌터로 일하던 시기 한 친구가 전화를 했다. 자기 아들을 좀 만나 달라는 것이었다. 고등학교 때부터 미국으로 유학을 보내 이제 학부 졸업을 앞두고 있는 경영학 전공자였다. 아버지보다 더 잘생기고 활력도 넘치는 유쾌한 청년을 만나 이야기를 나누었다. 핵심은 한국으로 돌아와 게임업계에서 일해 보고 싶어 의견을 듣고 싶다는 것.

결국 한국으로 돌아와 자리잡고 싶다는 것인데…. 필자는 최선의 시기가 언제일까에만 답할 수 있었다. 국내 게임업계에서 자리 잡고 싶다면 미국 현지에서 아예 박사까지 마치고 도전을 하든지, 미국 게임 회사에서 적어도 5년 이상 열심히 일한 후에 한국 게임 회사에 지원해 보라고 하였다. 그래야 분명히 국내의 경쟁자들과 차별화되고, 국내 게임 회사에서 관심을 둘 만한 경력자가 되기 때문이었다.

얼마 전 친구 한 명이 환경 분야 국제기구의 한국 대표로 취임하였다. 20여 년 고위 공직자 직을 마감하고, 새로운 기회에 적극 지원하여 이룬 결과였다. 민간 국제기구에서 계속 영어를 사용해야 하고, 해외 출장을 빈번하게 해야 하는 등 업무가 많이 변화하여 매우 힘든 시기를 보냈지만 일 년 만에 안정을 찾고, 자리도 잡았다. 이제는 제법 여유가 생겨 그 국제기구에 더 많은 한국 젊은이들이 채용될 수 있도록 노력하고 있다고 한다.

해외 유학파가 다시 우리나라로 돌아와 취업하려고 하는 경우가 많아져 국내 취업 희망자와 경쟁하게 되었다. 그리고 반대로 국내 대학 졸업자가 해외에 취업해서 진출하는 사례도 늘고 있다. 바야흐로 글로벌 경쟁의 시대이다.

경력 계획을 작성할 때 해외 근무 등 글로벌화와 관련된 기회에 도전해 보는 내용으로 작성해 보자. 그래야 어학 능력 강화 등 자신을 긴장하게 할 수 있는 이유가 생기지 않겠는가?

요즘은 많은 사람들이 해외 생활을 경험하고 자연스레 외국어를 접할 기회도 많아졌다. 유학, 어학연수, 이민, 워킹 홀리데이(Working Holiday), 해외 근무 등이 과거보다 훨씬 늘어난 것이다. 영어, 일어, 불어, 중국어를 잘하는 한국인도 정말 많아졌고, 국내에서 회사를 다니는 외국인도 늘고 있다.

국내에 진출한 외국인 회사에서 국제적 경영 감각을 갖춘 능력 있는 한국인 경영자도 다수 양성되었고, 많은 직원이 취업하여 선진 기술과 경험을 전수하고 있다. 일부 직원은 본사 근무를 위해 해외로 진출하기도 한다. 2014년 말 몇 군데 대기업 임원 승진 인사에서는 몇 명의 외국인 임원 승진자가 눈에 띄기도 했다.

우리나라가 경제 발전, 수출 등을 통해 국제 경제 활동에 점점 더 활발하게 참여하고 있기 때문에 더 많은 기회를 얻을 수 있다고 생각한다. 그만큼 한국 기업이 더 활발하게 해외에 진출하고, 한국 젊은이들이 더 많이 유학 및 어학연수 등을 통해 해외 취업을 위한 자질을 갖춘 결과라고 하겠다. 앞으로 해외에서 우리의 유능한 인력이 능력을 펼칠 수 있는 기회가 더 많아질 것으로 보인다.

최근 여러 국제기구에서 한국인 직원을 채용하기 위해 면접관이 한국을 방문하기도 했다. 이러한 공공기관 성격의 직장뿐만 아니라 일반 글로벌 회사 등에서 취업 기회는 더 많이 생길 것이다. 그러면 경쟁자는 현지의 직원이므로 그들과 차별화할 수 있는 무기를 갖추어야 할 것이고, 적응하기 위한 노력도 필요할 것이다.

반드시 선진국에서의 취업만을 목표로 할 이유도 없다. 개발도상국도 좋다. 당장은 한국에서의 수입보다 낮겠지만 현지의 계속 되는 경제 발전에 따라 성장의 기회도 보고, 한국과의 교류에서 귀한 인재로서 가교 역할을 하며, 자신의 사업 기회도 찾을 수 있을 것이다.

직장을 다니면서 해외 근무 기회가 있다면 적극 활용하라. 외국어 능력 배양의 기회뿐만 아니라 다양한 문화를 접하여 스스로 더욱 성숙해지는 좋은 기회이다.

IT와 컨버전스 :
거부감 없는 성숙한 자세

IPTV를 사용하고 있는가?

TV 리모컨의 기능을 다 알고 사용하는가?

빅 데이터(Big Data)가 무엇인지 모르고 마케팅 업무를 하고 있지는 않은가?

자동차의 전자, 전기 부품 가격 비중이 50%가 넘은 것을 알고 있는가?

스마트폰을 전화와 문자 보내기에만 사용하고 있지는 않은가?

이제 IT 관련 지식과 사용 경험, 그리고 IT를 활용한 업무 혁신, 신제품 발명 등은 새로운 경제 활성화의 기반으로서만이 아니라 이 시대를 살아가는 우리 모두의 필수 요소가 되었다. 수십 년 전에 마치 전화기 사용법, TV 사용법을 배웠듯이 말이다.

경력 계획을 작성하는 데 구체적인 액션 플랜(action plan)에 넣지 않더라도, IT 등 새로운 기술과 해외 트렌드 등에 대해 호기심을 갖고 지속적으로 지식을 습득하고 개인적인 활용도를 높여보자. 언젠가 내 업무도 다양한 지식과 경험을 가진 사람이 성공하는 자리가 될 가능성이 많다.

바야흐로 IT 전성시대이다. 특히 우리나라가 반도체부터 PC, 휴대폰, 스마트폰, 스마트 TV, 미래 통신 기술에 대한 적극적인 산업 발전을 이루며 연일 이에 대한 뉴스가 쏟아지고, 어느새 대한민국 국민은 소위 파워 유저(Power User)가 되어 버렸다.

필자 역시 2009년 말 스마트폰 사용자 대열에 합류하고, 페이스북, 트위터 등에 가입하면서 인터넷 검색과 메일에 열광하던 때 이후 십수 년 만에 "라이프스타일의 변화"를 실감하고 있다. 젊은 사용자들뿐만 아니라 중년들도 꽤 즐기면서 소통의 장으로 활용하면서 정보의 즉시성과 다양성에 푹 빠져 있다.

이제 IT는 한 산업 분야의 전문 기술이 아니라 일반인이 사용자로서 실제 경험하는 TV나 전자레인지 같은 어떤 물건의 사용법처럼 진화하고 있다. 갈수록 그 사용법이 어려워지고, 사용자가 기대하는 혜택이 점점 다양해져가는 것이 과거와 다르다고 할 것이다.

기업에서 과거 전산실이 경영혁신본부, 정보지원본부, 경영전략실 등의 명칭으로 변화하면서 기업 고유 사업과 직결된 ERP, CRM, SCM 등 핵심 업무의 실행 부서로 부상하고 있으며, CIO 직책을 거쳐 CSO, CEO 등으로 성장하는 주요 보직이 되기도 한다.

이런 이야기를 언급하는 이유는 이제 IT가 특별한 개인, 특별한 부서의 기능이 아니라 사회활동을 하는 일반인, 특히 직장인 모두의 필수 지식이 되고 있으며, 자신이 느끼지 못할 수도 있지만 이미 대다수가 상당한 유저이기 때문이다.

IT와 회사 업무의 흐름을 조금 알아보자.

영업 지원 부서 사내 SCM 시스템을 통해 재고를 관리한다.

마케팅 부서 인터넷 마케팅 캠페인의 효과를 파악하기 위해 분석 소프트웨어를 도입하여 상세한 성과를 파악하고, 향후 전략 수립에 활용한다.

생산 부서 생산라인의 장비 관리 PC를 신형으로 교체할 때, 어떤 소프트웨어를 사용해야 안전하게 라인 중단 없이 작업할 수 있을지 직접 조사, 결정한다.

재무 부서 예산 수립, 이익 예측 시뮬레이션, 경영 실적 보고 등에 다양한 소프트웨어를 사용한다.

업무를 처리하는 데 필요한 IT 지식, 일상생활에서 스마트 TV, 스마트폰, 태블릿 PC 등을 사용하는 것 모두 더 향상된 업무를 계획하고 수행하는 데 기여할 수 있을 것이다. 이제 거의 모든 회사 업무에서 내 업무와 관련하여 IT 기술로 무엇을 할 수 있을지 예상하고 기획할 능력이 없으면, 그 다음 단계의 업무 수준을 기대할 수 없게 되었다.

예를 들어 영화를 제작하는 일도, 애니메이션 제작 소프트웨어로 어느 정도의 사실적인 표현을 할 수 있는지를 알아야 제작 기획을 할 수 있지 않은가? 제임스 카메론 감독도 이미 쓴 대본을 가지고, 소프트웨어의 기능이 자신이 원하는 표현력을 구현해 내는 수준이 될 때까지 10년 가까이 기다려서, 히트작 "아바타"를 제작했다고 한다.

학문적인 의미의 융합이 아니라 IT 기술에 대한 수긍과 실행, 타 부서와의 적극적인 공동 작업 자세 등이 모두 현실적인 컨버전스(convergence), 즉 "융합"이라고 생각한다.

현재의 업무 자체에만 집착하지 말고, 다른 부서의 업무에도 관심을 갖고, 공동으로 더 나은 해결책을 찾는 열린 자세가 중요하다. 내 분야가 아닌 것을 거부감 없이 받아들이고, 공부하고, 다른 부서와 공조할 수 있는 성숙한 직원이 앞으로 각광받게 될 것이다. 회사가 요구하는 핵심 인재는 이런 직원이 아닐까?

경쟁 :
피할 수 없다면 즐겁게

박 차장은 요즘 심란하다. 회사를 떠날 생각이다. 입사 동기들 중에 벌써 반 이상이 부장 진급을 했는데, 자신은 아직 차장이다. 자신이 승진에 밀려서 회사를 떠나게 될 줄은 정말 몰랐다. 소위 스펙(specification)도 좋고, 업무 성과도 좋다고 자부한다. 그것만 믿고 튀려고 하지 않은 것, 그것이 문제였을까? 상사에게 아부하고, 회사 내의 학교 선배들에게 더 부탁했어야 한다고는 생각하지 않는다. 그렇지만 태도에는 문제가 있었다. 혹시질까봐 나보다 못한 동료와의 경쟁을 피했고, 성과가 좋지 않을까봐 더 도전해야 하는 자리는 지레 피해버렸다.

극심한 경쟁의 시대이다. 편안하게 사업을 영위하던 분야가 갑자기 전혀 다른 분야의 상대에게 위협을 받기도 하고, 경제 불황이라는 복병을 만나기도 한다. 잘 나가던 스타벅스가 수년 전 던킨 도넛을 잠재 경쟁자로 지목했고, 채 1년도 되지 않아 던킨 도넛은 커피 전문점 시장에 진출하여 다른 경쟁자들과 함께 스타벅스의 시장 점유율을 크게 잠식하고 있다. PC 운영체제 소프트웨어 및 관련 제품 시장에서 아직도 실질적인 독점업체인 마이크로소프트 사는 검색, 클라우드 컴퓨팅, 모바일 운영체제 등에서 엉뚱하게도 인터넷 검색 분야 업체인 구글의 도전을 받고 있다.

이러한 경쟁에는 그 회사 직원의 업무 변화, 전직, 몰락 등의 변화가 따라오기 마련이고, 개인의 정보력으로는 도저히 예측하거나 대비할 수 없는 상황이 펼쳐진다. 오래 전 잘 나가던 국내 가죽 가공업체가 갑자기 한국이 중국과 수교를 하면서 값싼 중국제 가죽 반제품과 완제품을 수입하는 업체들에게 밀려 바로 매출이 "0"이 되는 상황을 보았다. 물론 회사는 문을 닫았고 생산직뿐만 아니라 수출, 회계, 관리 부문의 전 직원이 하룻밤 사이에 실직자가 되었다.

세계 1위 휴대폰 업체였던 노키아는 스마트폰 시장에 늦게 대응하는 바람에 시장 점유율이 급락하고, 이익이 곤두박질치면서 결국 마이크로소프트 사에 매각되고 말았다. "세상을 바꾼 애플 혁명"의 가장 큰 희생자이기도 하다. 직원들은 지금 아마도 주말을 반납하고, 새로운 스마트폰을 디자인하고, 소프트웨어 개발에 몰두하고 있을 텐데, 수년 전 세계 1위 업체라는 직원들의 자신감과 자부심은 바로 휴지통에 들어가 버렸다. 좋은 시절은 다시 오지 않는다.

필자가 근무하던 IBM도 1990년대에 들어 경쟁사에 치이고, 관료화된 사내 시스템 등의 이유 때문에 외부에서 CEO를 영입하여 경영혁신을 추진하게 되었었다. 취임 수개월 후 그가 전 세계 직원에게 직접 보냈던 이메일 내용을 잊을 수 없다.

"No more luxury!"

그때부터 한국지사는 해외 출장 갈 때 임원급까지 모두 일반석(Economy Class)을 타게 되었다. 기본적인 인사 및 보상 관련 분야를 제외한 모든 경비 지출이 극히 제한되고, 수준을 낮추게 되었으며, 많은 업무가 단순화되어 결재 단계가 줄어드는 등 큰 변화가 있었다. 또 많은 직원들이 명예퇴직제(Early Retirement Program)에 따라 소정의 퇴직금을 더 받고 회사를 떠나게 되었다. IBM 역사상 초유의 사태였다. 그래도 이때의 성공적인 경영 혁신을 바탕으로 IBM은 지금도 꾸준한 경영 성과를 보이며 성장하고 있다.

많은 경영 컨설턴트들이 잘 나가던 시절은 모두 잊고, 항상 극한의 경쟁을 대비하라고 한다. 물론 주로 리더, CEO의 책임이겠으나 그 회사에 몸담고 있는 직원도 이러한 자세로 근무해야 한다. 어려운 사태가 벌어지면 솔직히 회사가 책임져 줄 수 없기 때문이다. 최근의 추세인 스마트 워크, 스마트 오피스 등 24시간, 365일 업무 속박에 처해도 이러한 변화를 적극 받아들이고, 적응해야 한다.

한국에서 1등인 인재가 계속 1등일 수는 없다. 이제는 글로벌 시장에서 경쟁사인 외국계 글로벌 기업의 미국, 일본, 인도, 중국 출신 1등 인재와 경쟁하는 시대가 되었다. 국내 기업에서 같이 일하는 외국인과도 경쟁해야 하는 시대가 곧 올 것이다. 기왕에 직장인으로 시작한 것, 더 적극적으로 받아들이고, 대응하자. 앞으로 스타 직장인의 연봉은 평범한 직장인 연봉의 몇십 배, 몇백 배가 될 것이다.

경쟁이 없는 곳이 있는가? 유치원부터 초등학교에서 대학, 회사, 사업까지. 정도의 차이가 있고, 얼마나 드러나는가, 언제 드러나는가의 차이일 뿐 숨길 수도 없고, 결국은 다 드러난다. 피하고 숨기지 말자. 적극적으로 인정하고, 받아들이고, 즐겁게 경쟁하자.

시간제 일자리 :
유연한,
미래의 고용 형태

● 　작년에 은퇴한 선배가 재취업에 성공했다고 한다. 일주일에 10시간 정도 일하는 시간제 고문. 축하할 일이다. 굳이 한창 때 직장생활과 똑같은 형태의 고용 조건보다는 '적게 일하고 적게 받는' 여유 있는 계약 형태가 60대에는 더 좋지 않은가?

　필자 지인의 부인은 동시통역사이다. 일을 할 때마다 계약을 하고, 몇 시간에서 몇 일 일하고 대가를 받는다. 다른 중요한 일정과 겹치면 일이 들어와도 고사하고, 일이 없으면 한두 달씩 쉬기도 한다. 어쨌든 이러한 파트타임 일은 급속히 늘고 있다.

　경력 계획에서 시간제 일자리 자체를 계획하는 것은 무의미하지만, "국내 영업부장" 같은 "직책"보다는 향후 이러한 계약 형태로도 일할

수 있도록 "국내 영업업무 총괄" 같은 식의 "업무 내용"으로 계획해 나
가는 것도 좋을 것이다.

최근 일자리 창출이라는 국가 목표를 달성하기 위한 양질의 일자리
만들기, 경력 단절 여성 일자리 만들기, 고졸자 일자리 창출, 청년 창업
지원 프로그램 등 다양한 방법이 시도되고 있다. 이중에 눈여겨 볼 것
이 시간제 일자리이다.

기본적으로 일자리라고 하면, 정규직으로서 전력투구하는 모습을 말
하지만 이제는 서로 합의된 시간대에 일정 시간 일하는 방식 등으로 변
형된 정규직 고용 계약이 도입되고 있다. 법적인 사항도 정비되어 정규
직 직원과 같은 복리후생 제도의 혜택을 받을 수 있어 일반적인 아르바
이트나 계약직과는 분명히 구분하고 있다.

아직은 유통업체의 계산원, 배달사원, 또는 금융 회사의 창구 직원
등 업무량에 따른 신축적인 인력 운용이 필요한 분야에 주로 활용되지
만 기업의 다양한 요구에 따라, 또 비정규직에 대한 사회적인 비호감
등이 계속됨에 따라 시간제 일자리는 더욱 다양해지고 확대될 것이다.

당분간은 기업의 입장에서 필요한 직종에 시간제 일자리를 활용하는
방식이 유지되겠지만, 앞으로 선진국처럼 휴가 기간 선택, 배우자의 육
아 휴직 허용, 휴직 등 휴식에 대한 결정권을 직원에게 맡기는 사회적
변화가 있다면 시간제 일자리 또한 직원의 선택으로 결정되고 많은 직
종에서 도입할 것이다. 언젠가는 10개월 일하고 2개월씩 쉬는 영업 사
원, 인사부장, CFO, 연구 임원이 나타날 것이다.

이는 생활하는 데 지장이 없는 정도의 연봉 수준이 되어야 가능할 것
이고, 그 직원이 이렇게 시간제 일자리를 원할 때 회사가 이를 받아들
여야 가능하다. 남보다 더 많은 자유로움을 확보하려면, 내가 능력이
뛰어나서 회사가 나를 붙잡게 만들어야 이러한 협상을 이끌 수 있다.

시간제 일자리는 어떤 직종에서나 스스로 선택할 수 있는 미래의 고용 계약 형태가 될 것이고, 이를 활용하려면 내가 뛰어난 인재가 되어야 한다. 자신의 직업 만족도를 높이고, 개인적 시간을 더 자유롭게 즐길 수 있는 것도 점점 스스로의 경쟁력에 따라 선택권이 생기는 시대가 올 것이다.

미래 산업 :
현재에 충실하며
기회를 볼 것

　지금 대한민국의 중년이라면 거의 100살까지 살 것이라고 한다. 사람들의 관심사는 계속 다양해지고, 개인화되고, 고급화될 것이다. 더 많은 정보가 더 빠르게, 더 정확하게, 더 싸게, 더 많은 사람에게 공급될 것이다. 자주 듣는 미래 예측이다.

　이런 사회의 변화 속에서 앞으로 각광 받는 산업은 무엇일까? 방대한 자료 수집과 고급 두뇌의 분석을 거친 결과가 아니라 최근의 기사와 많은 평범한 직장인의 예측 등을 토대로 필자 나름대로 정리해 보았다.

❶ 어린이, 여성, 노인 대상 산업
❷ 먹을거리, 여행, 레저, 건강, 환경 관련 산업

출산율은 낮아지고 있지만 어린이 용품 사업, 사교육 학원, 건강식 사업 등 특화되고 고급화된 제품을 제조하고 유통, 서비스하는 사업이 계속 각광 받는 이유는 수출 등 판로 개척과 고급화로 극복할 수 있다고 판단하기 때문이다. 여기서 창출되는 새로운 일자리와 직업, 즉 어린이 전문 심리 상담사, 어린이 용품 전문 캐릭터 디자이너, 장애아 유치원 교사 등이 새롭게 각광받을 것이다.

여성을 대상으로 하는 사업도 비슷하게 예상할 수 있으며, 특히 노인을 대상으로 하는 사업은 더욱 성장할 것이다. 치매 치유센터, 유기농 식당, 개별 여행 전문 여행사, 노인 대상 헬스 트레이너, 보청기 사업 등을 예상할 수 있다. 별도의 교육과 자격증 등이 필요할 수도 있는데, 이런 분야에서 앞으로 많은 일자리가 생겨날 것이다. 최근 국내의 모 대기업이 보청기 사업에 진출한다는 예측 보도가 있었는데, 그만큼 미래의 큰 시장으로 인식하고 시작하는 것 아니겠는가?

그리고 환경, 대체 에너지, 우주산업, 종교, 농업 분야에서도 계속 새로운 직업이 생겨나고 일자리가 창출될 것으로 예측된다. 대체로 현재 근무하는 회사 역시 계속 성장할 것이므로 새로운 산업에 진입하는 등 변화가 있으면 자연스럽게 따라가면 될 것이다.

미래를 대비한다는 관련 기사와 정보에 관심을 가지고 변화를 이해하려는 자세가 꼭 필요하다. 꼭 미래 산업계에서 일을 해 보겠다고 마음먹고 지금부터 준비하는 것은 비현실적이며, 자연스럽게 기회가 생기기를 기대하는 것이 좋겠다.

현재의 주요 산업은 그대로 유지되고 성장할 것이다. 일단은 여기에서 전력투구하여 경력을 쌓아 가면서 변화를 주시하자.

돌이킬 수 없는
네 가지

한 공항에서 젊은 여자가 비행기를 기다리고 있었다.
오랫동안 기다려야 했기 때문에, 기다리는 동안 읽을 책 한 권과
쿠키 한 봉지를 샀다. 그녀는 자리를 잡고 책을 읽기 시작했다.

그녀가 쿠키를 놓은 옆자리에 한 남자가 앉았고,
가방에서 잡지를 꺼내 읽기 시작했다.
그녀가 쿠키를 하나 먹자 그 남자도 한 개를 집어 먹는 것이 아닌가.
그녀는 화가 났지만 별 말을 하진 않았다.
'뭐 이런 남자가 다 있지? 내가 조금만 더 언짢았으면
저 남자 얼굴을 한방 갈겨 줄 텐데 말이야.'

그녀가 쿠키 먹을 때마다 그 남자도 한 개씩 먹었다.
그때마다 화가 났지만 그녀는 다시 꾹 참았다.
마침내 쿠키가 한 개 남자 그녀는 '이 무뢰한이 어떻게 나올까?'라고 생각했다.
그때 남자는 마지막 쿠키를 집어 들어 반으로 쪼개더니
절반을 그녀에게 건네는 것이다. 그녀는 더 이상 참을 수가 없었다.
그녀는 짐과 책을 들고 탑승구로 향했다.

비행기에 올라 자리에 앉아 안경을 꺼내기 위해 손가방을 들여다 본 순간,

그녀는 자신이 산 쿠키가 고스란히 가방 안에 있는 것을 발견했다.

무뢰한은 그 남자가 아니라 자신이었음을 깨닫고 너무 부끄러웠다.

쿠키를 사자마자 가방 안에 넣었음을 잊고 있었던 것이다.

그 남자가 자신의 쿠키를 먹고 있다고 오해했지만

남의 쿠키를 먹은 것은 자신이었다.

그리고 그에게 설명하거나 사과할 기회조차 없다.

그 남자는 자신의 쿠키를 아무 거리낌 없이

그녀와 나눠 먹었던 것이다.

돌이킬 수 없는 네 가지가 있다.

내 손을 떠나버린 돌

내 입을 떠나버린 말

잃어버린 기회

가버린 시간

인터넷 (blog.daum.net/ylseok)에서 가져온 글

Chapter 5

KNOWHOW of OFFICE WORKER to SUCCESS

중요한 질문들

--- 　　나 자신은 직장생활을 열심히, 성실히
하려고 해도, 주위 환경이 꼭 순조로운 것은 아니다.
장기간 회사를 다니다 보면, 여러 가지 방해 요소가
나타나고, 이를 어떻게 극복해야 할지
궁금한 질문 거리는 계속 생기기 마련이다.
이 장에서는 그러한 궁금증 중에 대표적인 질문을 제시하고
그 해결책을 정리해 보았다.
주로 회사 내에서는 적당한 상담자를 찾기 어려운
내용을 다루었다.

질문 01
학력, 자격증, 영어 :
대체 얼마나
잘해야 하는 것일까?

좋은 대학 나오고, 자격증도 많고, TOEIC 960점 정도면
무조건 채용되고, 나중에 임원도 되고 사장도 되나요?
아닌 사람은 어떻게 해야 되나요? 영영 성공할 수 없는 건가요?

자주 받는 질문이다. 답은 "직업과 직책에 따라서 다르다."이다.

물론 같은 CFO라도 공인회계사 자격증이나 공인세무사 자격증이 있
으면, 채용과 재직 시 좋은 대우를 받을 수 있다. 이것은 회사별, 직책
별로 다르다. 예를 들어 외국인 회사에서 해외 본사와의 회계 처리 능
력과 세무 관련 지식이 상당히 필요한 자리라면 당연히 AICPA(미국계 회
계사) 자격증이 있으면 채용에도 유리하고 인정받을 수 있겠으나, 일반
기업체에서 AICPA 자격증이 필요한 경우는 별로 없다.

IT 분야에서도 기술력을 파악하는데 자격증 소지 여부를 참고하기는 하지만, 일단 입사하면 현장에서 경험을 쌓으면서 기술력을 발전시키고 많이 배우는 것이 자격증 이상의 실력을 갖추고, 인정받는 중요한 방법이다. 일을 시작하고 몇 년만 지나면 아무도 자격증 소지 여부를 묻지 않는다.

Microsoft, CISCO, SAP, Oracle 등은 제품별로 별도의 자체 자격증 제도가 있고, 취득이 까다로운 것도 있다. 이런 자격증들은 실제 업무를 하면서 도전하는 것이므로, 회사를 다니면서 회사에서 교육비를 지원 받아 취득하면 된다.

건설업에서는 일정 규모와 일정 설비가 필요한 프로젝트를 시공하려면, 회사가 1급 전기기사 자격증, 2급 설비기사 자격증 등을 소지한 엔지니어를 보유하고 있어야 한다. 이 경우 자격증이 채용과 재직에 필수 조건이다.

영어 실력의 지표로서 TOEIC 점수를 보던 시대는 이미 지났다고 봐야 할 것이다. 그 허상을 이제는 다들 알아버렸을 것이다. 그 동안은 마땅한 확인 방법도 없고, 확인해 줄 면접관도 없었기 때문에 유지되어 온 것이다. TOEIC 점수가 미달되면 승진이 되지 않는 회사가 상당히 많았다. 그러나 이제는 다양한 방법으로 채용 면접에서 영어 구사 능력을 확인하며, 입사 후에도 원어민 강사의 사내 회화 교육, 비즈니스영어 학원 수강 지원, 해외 어학연수 파견 등 영어 실력을 배양하는 여러 가지 방법을 동원하고 있다. 그러나 기본 문법과 회화 수준도 안 되는 경우는 사정이 다르다. 스스로 원하는 경력 계획과 어울리는 방법을 정해 기본 실력은 갖추도록 하자.

과거에는 사원모집 광고에 성별, 나이, 학력, 외모 등 조건이 당연히 들어가 있었지만 이제는 법적으로 이런 것을 표시할 수 없다. 면접까지 갈 수 있도록 배려하는 것이다. 이 중에서 학력은 상당 부분 편견을 부추기며, 실제 학력이 매우 중요하다고 믿는 사람도 아직 많다. 그러나 이제는 많은 회사들이 학력보다 더 중요한 성공 요소가 많다는 사실을 경험으로 알게 되었다. 명문대학 출신이 아닌 사장, 고졸 임원, 특히, 전문계 고교 출신 임원 등이 점점 많이 배출되고 있는 것이 그 증거이다.

자신의 약점을 탓하지만 말고, 자신의 위치를 인식하고, 자신보다 배경이 더 좋은 다른 직원들보다 좀 더 노력하고, 충성심을 보이고, 전력투구하여 성공하겠다는 자세로 직장생활에 임하면 성공적인 결과가 있을 것이라는 믿음을 가지라. 물론 더 힘들고 더 노력해야 하겠지만 이미 정해진 상황인 것이다. 어쩌겠는가? 내 자신의 부족한 점을 극복할 기회가 있다면 당연히 선택하는 것이다. 노력하면 좋은 학벌만 믿고 노력하지 않는 직원들보다 성공할 확률은 훨씬 높아진다.

필자의 주위에서 이러한 사례를 많이 보았다. 명문 대학은 졸업하지 못했지만 미국 MBA를 취득하고, 취업 후에도 야간 대학원을 다니는 등 노력한 사람은 결국 자신의 약한 학벌을 성공의 원동력으로 삼은 것이다. 명문 대학을 나와 대기업에 취직하여 편안한 직장생활을 한 사람은 점점 안일함과 부족한 야성이 탄로 나고, 결국 똑똑한 부관 정도로 경력을 마무리하는 경우가 많다.

보통 신입사원으로서의 자격증(Certification of "Knowledge")은 취업에 도움이 될 수 있다. 그러나 업무를 일단 시작하면, 실질적인 업무 수행을 위한 전문 기술력(Skill)이 가장 중요하다(Skill = Knowledge + Experience). 부족함을 느낀다면 회사를 다니면서 보완해도 늦지 않다.

질문 02
전직Ⅰ:
헤드헌터를
효과적으로
활용하는 방법은?

- 회사를 옮기고 싶을 때 헤드헌팅 회사 DB에 등록하면 바로 좋은 자리를 소개 받을 수 있나요?

- 헤드헌팅 회사에서 전화가 와서 좋은 자리가 있다고 하는데, 괜히 만나서 회사에 소문나면 어쩌죠?

- 헤드헌터 몇 명쯤 잘 사귀어 두면 전직할 때 유리하겠죠?

국내에서도 헤드헌팅이 점점 활발해지고 있다. 필자가 이 사업을 시작하던 1997년에는 외국계 몇 군데와 국내 업체 몇 개가 주요 고객인 외국인 회사들을 상대로 프로젝트를 수주하기 위해 경쟁했다. 일 잘하는 사람을 빼 가는 안 좋은 사업으로 생각하는 사람도 많았다.

이제는 주요 그룹은 물론 많은 중소기업이 이 서비스를 활용하여 원하는 인재를 빨리, 비밀리에 확보하고 있다. 헤드헌팅 회사도 많아졌고, 서비스 형태도 다양해졌으며, 헤드헌터의 접촉을 받아 본 직장인의 숫자는 기하급수적으로 늘고 있다.

전직을 원하는 후보자는 선택을 받는 위치에 있다. 스스로 이력서를 헤드헌팅 회사에 제출하고 연락을 기다리는 경우도 많지만 어쨌든 그 시작은 회사가 하게 된다.

어떤 고객 회사가 헤드헌팅 서비스를 의뢰하는 채용 대상은 적어도 7, 8년 이상 경력자에서부터 임원급, 사장급까지이다. 각 헤드헌팅 회사별로 또 헤드헌터별로 주력하는 산업계와 직급은 각각 다르다. 더 젊은 경력자를 찾는 경우도 간혹 있으나 일반적인 헤드헌팅 서비스 수준과는 차이가 있다. 계약금을 받고 시작하는 임원급 이상 프로젝트는 일부이고, 프로젝트가 성사되었을 때 의뢰한 회사에서 받는 수수료는 보통 채용자 계약 연봉의 15%~25% 정도이다.

구체적인 진행 절차와 대응 방법을 보자.

헤드헌팅 회사가 고객사에서 의뢰한 스펙과 요청 사항에 따라 1차 후보자 리스트를 작성한다.

고객사에 보여주고 누구를 접촉할지, 누구는 관심이 없는지 확인한다. 또는 바로 접촉에 들어가는데, 평균 20~30명 정도가 대상이다.

헤드헌터에게서 연락이 오면 간단히 회사의 업종과 직책, 기타 정보를 들은 후 말도 안 되는 자리를 언급하고 있다면 바로 거절해도 된다. 그렇지 않다면 상세한 내용을 묻거나 생각할 시간을 벌거나 메일로 상세한 내용을 보내달라고 한다. 이 과정 자체가 경험이며, 좋은 기회가 될 수 있기 때문이다. 모든 헤드헌팅 프로젝트는 비밀리에 진행되고 헤드헌팅 회사도 비밀 유지가 기본 윤리이기 때문에 이력서를 보내도 것은 안심해도 된다.

후보자가 주의할 점! 쓸데없이 경쟁자를 불러들이지 않도록 회사에서 통화를 한다거나 회사 메일을 사용하여 현 직장에서 노출하는 일이 없도록 주의한다.

그 다음 단계가 계속 성공적으로 진행되면, 헤드헌터의 안내에 따라 연락을 취하면서 면접을 진행하고, 연봉 협상을 하고, 근무 시작 날짜를 정하는 등 절차를 따르면 된다.

적어도 30명 이상의 후보자 리스트에서 시작하여 오직 한 명을 결정하는 절차이기 때문에 헤드헌터에게 연락을 받았다고 너무 기대하지 말고, 여유 있게 진행하는 것이 좋다.

헤드헌터는 채용 여부를 결정하는 사람이 아니다. 보통은 프로젝트가 성사되어야 수수료를 받는, 프로젝트 성사를 위해 도움을 주는 사람이다. 너무 의존할 이유가 없다. 필요한 사항만 구체적인 도움을 받으면 된다. 헤드헌터에게 취업을 위해 "잘 부탁합니다."하는 자세는 의미가 없다.

다음 두 가지 예를 보자.

실직 상태 또는 전직을 원하여 이력서를 헤드헌팅 회사에 제출해 놓고 기다리는 경우 : 나에게 적합한 자리를 추천해 줄 확률은 아주 낮다. 수많은 직업별로 분류해 보면, 내가 원하는 구체적인 "자리"와 관련 있는 프로젝트를 수행할 확률은 매우 낮다. 연간 몇 십 개 정도의 프로젝트를 성사시키는 평균적인 헤드헌팅 회사 각각의 규모를 감안해야 한다. 연락이 온다 해도 30명 중 하나일 뿐이다.

10개 이상 회사에 이력서를 내놓는 것이 확률을 최대한 높이는 요령이라 하겠다.

자신의 경력과 아주 다른 일을 하고 싶어서, 헤드헌팅 회사를 찾는 경우 : 거의 불가능한 도전이다. 왜냐하면, 프로젝트를 의뢰하는 회사의 입장에서는 지원자가 입사한 후에는 바로 자신의 경력을 살려 기대하는 성과를 내어야 하는데, 다른 경력, 다른 인맥, 다른 업무 목표, 다른 성질의 조직에서 일했던 사람이 갑자기 환경이 바뀐 곳에서 바로 좋은 성과를 내기는 거의 불가능하다.
좀 더 자세히 알아보자.

1. 소비재 유통업체에서 국내 대리점 영업을 10년 했는데, 외국계 럭셔리 패션(Luxury Fashion) 업체의 브랜드 마케팅 매니저를 하고 싶다.
→ 회사는 경쟁사의 브랜드 마케팅 경험자를 채용하려고 할 것이다. 사실은 국내 대리점 영업과 전혀 다른 업무이다.

2. 국내 중소 기업에서 15년 동안 인사 업무를 담당했는데, 홍보 업무도 최근 3년 겸임했고, 기회가 된다면 외국인 회사에서 홍보 업무를 해 보고 싶다.
→ 잠깐 겸임한 업무는 그 직원의 전공 분야가 아니다. 개인적인 호기심은 경력자 채용에서는 별로 중요하지 않다.

3. IT 업계에서 보안 관련 통합솔루션 영업을 15년 동안 해왔는데, 국내 대기업에서 CIO(Chief Information Officer : 사내 IT 부문 책임자)를 해 보고 싶다.
→ 보안 업무는 IT 분야의 아주 작은 한 분야이고 업무는 영업을 했으므로, 모든 IT 분야를 총괄해야 하고 기술적으로도 상당한 수준의 지식이 있어야 하며 수백 명의 IT 부서 직원을 관리해야 하는 자리의 일과는 거리가 멀다.

4. 중견 기업의 재무 분야에서 20년 동안 일하고 준 임원급으로 재직 중인데, 작은 외국인 회사의 한국 지사장을 맡아 보고 싶다.

→ '작은 외국인 회사'는 거의 모두 영업하는 조직이고, 재무 분야 직원은 아예 없는 경우가 많다. 아시아 지역 본사에서 총괄 지원하는 경우도 많고. 현실과 너무 동떨어진 기대이다.

완전히 경력을 바꾸고 싶을 때는 현재 재직하고 있는 회사 안에서 요청하여 시도를 해 보거나 인맥을 통해 추천 받아 다른 회사로 옮기는 기회를 잡아야 한다. 일반 직장인으로서의 성실함과 소개하는 사람의 신뢰, 지원자의 의욕 등으로만 채용될 수도 있기 때문이다.

실적 평가 :
실적 평가가
나쁘다면?

Q 올해 실적이 엉망이라서 기대는 하지 않았지만, 4등급 중 가장 낮은 D등
급으로 업무 평가를 받았다. 입사 7년 만에 처음이다. 연간 목표 달성이 불
가능해 보이던 작년 8월부터 아예 포기하고 긴장을 확 풀었더니 그것이 더
나쁜 평가로 이어졌다는 부장님의 설명이다. 이유가 무엇이든 이제부터 반
전시켜야 할 것 같은데, 어떻게 해야 하나?

먼저 하버드 비즈니스 리뷰(2010년 12월호)에 나온 글을 보자.

요즈음은 보통 1년을 단위로 직원의 업무성과를 평가하고, 급여와 승진에 반
영하는 서구식 인사 제도가 보편적이다.
그런데 내가 연말 실적평가에서 가장 낮은 등급을 받았다고 하면, 어떻게 대

처해야 할까?

첫째, 상사나 동료에게 자신의 낮은 성과에 대해 변명하지 말아야 한다.

특히 남 탓으로 돌리는 것은 금물이다. 상사에게 항의하는 수준까지 이르면 직장생활을 그만하겠다는 뜻으로 볼 수도 있다. 모든 평가는 자신이 아니라 평가의 책임과 권한이 있는 상사가 하는 것이다. 평가 결과가 불만이면 정식으로 재심을 요구할 수 있는 방법(회사에 그런 제도가 있다면)을 택하든가 아니면 받아들이고 인정해야 한다. 그것이 성숙함을 보이는 방법이다.

그 다음은 어떻게 성과를 올릴 것인지 방법을 찾는 것이다. 더 열심히 노력해서 만회하면 더욱 빛나는 직원이 될 수 있다. 전화위복의 기회인 것이다. 사람은 원래 자기의 잘못을 외부 요인으로 돌리는 성향이 있지만 자신에게 더욱 엄격한 잣대를 들이대고 평가해야 할 때도 있다.

둘째, 상사에게 도움을 요청하라.

"죄송합니다. 변명은 하지 않겠습니다만, 저도 잘 하고 싶은데 잘 안되네요. 어떻게 하면 될지 좀 도와주십시오, 팀장님." 솔직하게 도움을 청하고, 실질적인 도움을 받으라. 팀장이 경험으로 터득한 고객 관리 노하우를 전수 받을 수도 있고, 부서 내의 다른 직원 담당인 주요 고객사를 넘겨받아 실적을 올리는 데 도움을 받을 수도 있다. 누가 같이 일해 온 팀원을 매정하게 대하고, 계속 무능한 직원으로 취급 받게 하고 싶겠는가? 솔직히 도움을 요청하고 의지하면 그 직원이 다시 일어설 수 있게 돕고 싶은 것이 사람 마음이기도 하다.

이때 구체적으로 무엇을 잘못하고 있는지 지적해 달라고 해서 자신의 부족한 점을 파악하는 것이 중요하다. '알아서 고쳐 가면 언젠가는 알아주겠지.' 하는 기대는 하지 말라. 그 전에 이미 해고당하거나 좌천될 가능성이 더 많다.

셋째, 안 되는 데도 버티지 말라.

아무리 해도 남들처럼 영업 실적을 올리지 못하겠다거나 아무리 해도 남들처럼 기획안을 논리적으로 만들지 못하겠다면, 상사에게 요청하여 부서를 옮기거나 업무를 바꾸어 달라고 해야 한다. 그 부서에서 계속 무능력자로 남아 있는 것보다 좀 더 손쉬운 업무에서 평가를 잘 받는 것이 낫다. 이것이 장기적으로 직장생활을 잘할 수 있는 대응 방법이다.

이것이 어렵다면 전직도 고려해 보아야 한다. 시험을 잘 봐서, 운이 좋아, 교수님이 잘 추천해 주셔서 좋은 일자리가 생겼어도 내가 버텨내지 못하면 결국은 좌절과 스트레스만 쌓이고 실패한다.

적성도 맞지 않고, 평가도 잘 받기 어렵다는 근본적인 문제가 확실하다면 그 회사, 그 자리를 벗어나서 빨리 내가 잘할 수 있는 자리를 찾아야 한다. 어디서든 일단 무능력자로 낙인이 찍히면, 그 다음 직장을 구하는 데도 좋지 않은 평판 때문에 더 힘들다.

장기적인 직장생활의 성공을 위해서는 근본적인 해결 방법이 더 중요한데, 일단 자신이 판단해 보고, 주위에 도움을 요청해서 앞으로의 방향을 정해야 할 것이다.

필자도 직장 동료 중에서 각광받는 부서에서 일한다는 자부심 하나를 지키기 위해 계속 되는 저평가를 감수하다가 결국은 타의에 의해 직장을 떠나는 경우를 보았다. 당장은 부끄러울 수 있지만 일시적인 후퇴라 생각하고, 장기적으로 최선의 방법을 찾아 가야 한다.

질문 04
전직Ⅱ :
더이상 피할 수 없다면?

Q 입사한 지 10년. 입사 동기 20명 중 절반은 회사를 떠났다. 사실 전직 사유는 여러 가지고 그 결과가 꼭 좋지만은 않지만, 전직해서 더 좋은 회사에 다니는 녀석의 자랑을 듣고 있자면, 지금 이 회사에서 충성하며 열심히 일하고 있는 것이 잘하는 것일까 싶다. 손해라는 생각도 들고….
이제 곧 마흔, 별로 불만도 없고 굳이 떠나야 할 이유도 없지만 다른 회사나 다른 사업의 기회를 찾아봐야 되는 건 아닐까? 솔직하게 이런 고민을 나눌 상대도 없다.

사람들은 어떤 순간 전직을 생각할까?
 1. 회사가 문을 닫아서(파산하거나 흡수 합병되어서)
 2. 적성이 맞지 않거나 조직 문화에 적응하지 못해서

3. 업무 성과가 낮아 계속 근무하기 어려워져서

4. 다른 사람이 유혹해서

5. 더 나은 조건을 위해서

6. 경력 개발을 위해 전략적으로

어떤 이유로든 전직을 하고 싶고, 하기로 결정했다면 준비를 철저히 하고, 계획과 전략에 따라서 결행해야 목적을 달성할 수 있다.

자신의 경력 개발에도 도움이 되면서 조건도 더 나아지고, 조직 문화도 세련된 곳이면 금상첨화일 것이다. 그런 곳이 있을까?

전직하고 싶다며 다음을 꼼꼼히 따져 보자.

전직의 방향과 목표

1. 배울 기회(사내 교육, 국내외 외부교육, 업무 책임 범위 등)가 많은 업무, 회사

2. 지금보다 더 큰 고객을 맡고, 난이도가 더 높은 업무

3. 직접 고객 지원은 충분히 경력을 쌓았으니 회사 차원의 고객 지원센터나 교육센터 등의 업무

4. 더 큰 조직, 조직 문화가 합리적인 외국인 회사, 대기업, 또는 공기업

5. 적어도 10명 이상 규모 조직의 리더

6. 전체 연봉과 보너스(total compensation) 20% 이상 인상

7. 출퇴근 거리가 지금보다는 가까운 직장

8. 적어도, 올해 안에 전직

일단 전직을 결심했다면 시기는 최대한 앞당기고, 조건도 완화해서 판단해야 한다. 그러나 일단 이 정도의 기준을 세우고 하나씩 검토해 나가자.

30대인지, 40대인지, 50대인지에 따라 각 판단 기준의 중요도와 비중은 달라진다. 30대라면 배울 수 있는 기회를 최우선으로 해야 한다. 10년 이상의 확고한 Major Career를 만드는 것이 경력 초기 단계에서 꼭 챙겨야 할 일이며, 평생 최대 3~4번까지의 전직으로 끝내야 함을 꼭 기억하기 바란다. 그리고 자신의 경력 계획을 위하여 의도적인, 전략적인, 내가 주도하는 전직이 되도록 해야 한다. 내가 주도권을 잃고, 타의에 의해 전직이 거듭될수록 나의 경력은 길을 잃고 만다.

　예외적으로 경영/IT 컨설턴트나 IB(Investment Banking) 같은 금융계에서는 똑같은 직업과 전공이 유지되는 조건 아래 경력 초기에도 3~4년마다 전직하면서 경력과 조직 적응력을 향상시키는 것도 그 사람의 능력이라고 여기기도 한다.

　신입사원으로 입사한 회사에서 정년퇴직을 맞이할 수 있으면 가장 행복할 것이다. 새 직장을 찾아 면접하고, 적응하느라 스트레스 받고, 텃세에 힘든 시기를 보낼 수도 있기 때문이다. 이 모든 것을 감수하고라도, 현재 직장의 만족스럽지 못한 점을 해결하고 싶다면 전직을 결심하는 것이다.

　사실 새로 입사하는 회사에 대해서는 알 수가 없다. 현재 직장에 대한 진정한 가치를 냉정하게 다시 한 번 평가하고, 새로 가려고 하는 회사와 비교하여 신중하고 또 신중하게 생각해야 한다. 어렵게 옮기고 곧 다시 회사를 그만두는 경우가 의외로 많고, 이때 그 피해가 너무 크다. 반드시 내 경력 계획 상 의미가 있는, 내가 원하는 방향과 일치하는 이직인가를 장기적 관점에서 판단하자.

　준비도 안 된 상태에서 지인이나 헤드헌터를 통해서 전직 제의를 받으면 서둘러서 결정해야 하므로 중요한 사항을 놓칠 수 있다. 연봉과 직급에 혹하여 다른 요소를 간과한 채 덜컥 전직을 하기도 하는데, 정말 위험한 선택이다. 달콤한 유혹이 있으면, 왜 이런 좋은 기회가 나에게 왔을까를 냉정히 판단해 볼 일이다. 모든 것에는 대가가 따르는 것임을 잊지 말자.

피할 수 있다면 피해야 한다. 아무래도 안 되겠으면 전략적으로, 주도적으로 전직하라.

질문 05
인맥 :
어떻게 구축할까?

Q 고등학교 때부터 활달하고 친구가 많던 A는 지금도 자동차 영업사원으로 수완을 발휘하고 있고, 곧 지점장으로 승진한다고 한다. 나는 입사 후부터 계속 내근직이라서 외부 사람을 만날 일도 별로 없고, 친구도 점점 줄어드는 것 같다. 직위가 높아지면 사회생활도 더 폭넓어져야 할 텐데 걱정이 앞선다.

우선 필자의 주요 인맥을 구분해서 나열해 보겠다. 괄호 속 숫자는 일 년에 적어도 한두 번은 연락하고, 만나면서 지내는 사람 수를 적어 보았다.

- **인척 등 개인적인 관계**(30)
- **학교 동창, 선후배** : 초등학교(30), 고등학교(100), 대학교(20)

- **직장 동료, 선후배** : IBM(100), 헤드헌팅 회사(20)
- **업무상 생긴 인맥** : IBM 당시 고객(20), 헤드헌팅 당시 고객(10), 현재 직장의 고객/협력사/공급업체(50)
- **헤드헌팅 업무를 통해 생긴 인맥**(면접 등을 통해 만났던 3,000명 정도 중에서) : 추천 후보자들(30)
- **사회활동을 통해 생긴 인맥** : 로타리클럽, 컬처클럽 등 모임(50)
- **기타**(30)

그냥 아는 사이거나 자주 가는 음식점 사장님 등은 빼고 서로 필요할 때 물어보고, 도움을 요청할 수 있는 정도의 관계를 "인맥"이라고 지칭해 보았는데, 필자는 평균적인 직장인보다는 상당히 많을 것이다. 오랜 기간 사람을 만나고 교류하는 업무를 해 왔기 때문에 자연스럽게 많은 인맥이 유지되었다.

인맥은 자주 만나서 신뢰가 생기는 친구 관계와는 다르다. 목적이 있어야 자주 모이는 이유가 생기고, 인맥으로 이어갈 수 있다. 취미 활동, 종교 활동, 봉사 활동 등 공통의 관심사가 있거나 같은 업계의 모임으로 서로 고충을 나눌 수 있어야 한다. 단기간으로 끝나선 안 되고 장기적으로 계속 이어져야 한다. 회장이나 총무로서 그 모임을 주도하면 멤버 각각과 가장 친해질 수 있으므로 적극 나서는 것도 좋다.

야간 경영대학원을 다니는 것도 추천하고 싶다. 새롭게 교류할 수 있는 선후배가 생긴다. 회사에서 업무 능력 배양과 인맥 강화를 위해 핵심 인재에게 등록비를 지원하는 경우도 꽤 있으니 기회를 최대한 활용해 볼 일이다.

최근에는 SNS 활동, 인터넷 동호회 활동 등도 많이 하고 있는데 그 속의 관계는 너무 얕다고 생각한다. 이렇게 원래부터 얕은 관계를 인식하고 만나는 경우에는 미래의 사업, 회사 업무와 관련해서 도움이 될 가능성은 매우 낮다.

일단은 업무를 통해서 회사 내에서 함께 일하는 업계 인사들과 인맥을 계속 유지해 가는 것이 기본이다. 스스로 모임을 결성하여 한 달에 한 번 정도 만나서 건설적인 의견 교환도 하고, 식사도 같이 하면서 인맥을 다져가는 것도 매우 좋은 방법이다. 전직을 할 때 서로 도움을 줄 수 있을 것이며, 사업을 함께 도모하는 자리가 될 수도 있다.

이미 정해진 어쩔 수 없는 학교 인맥, 지난 회사 인맥이 약하다고 아쉬워하지 말고, 새로운 인맥을 스스로 만들어 가기 바란다. 경력이 쌓일수록 서로 도움을 주고받을 일이 많아지고 중요성도 더 커지기 때문이다.

질문 06
부업 :
두 마리 토끼를
잡을 수 있을까?

Q 아내가 친구와 같이 음식점을 시작한 지 5년이 되어간다. 이제 자신이 생겼는지 독립해서 각자 더 크게 사업을 확장하기로 했다. 이제부터는 나도 저녁 때 나와서 계산대 일과 고객 안내 등 일을 도와달라고 해서 그러겠다고 했다. 자랑삼아 부장님에게 부서원을 한번 초청하겠다고 말씀 드렸더니, 그 일은 장래를 위해서 하지 않는 것이 좋겠다고 만류한다. 내가 직접 하는 부업도 아닌데 왜 그러시는지 모르겠지만, 무시하고 진행할까 하다가도 좀 찜찜하다. 정말 부업을 하면 안 되는 건가?

여기서 직장인이란 무엇인지 다시 한 번 환기해 보자.

대개는 고용주와 고용 계약을 하고 유일한 노사관계가 되는 것이 기본이다. 그런데 최근에는 일용직이나 아르바이트 같은 형태의 부정기적 일감으로 소득을 올리는 경우를 제외하고, 동시에 여러 회사와 일하는 겸직, 즉 복수의 고용 계약(정규직, 비정규직, 계약직 등) 형태로 일하는 사람들도 많아지고 있다.

1:1 계약이 기본이지만, 사회적 변화와 쌍방의 필요에 따라 여러 회사와 계약을 하는 고용 형태도 허용되고 있는데, 보통은 한 회사에서 주로 업무를 하여 주 소득원을 얻고, 다른 회사에서는 약간의 시간만 일하고 추가 수입을 조금 받는 경우가 많을 것이다.

아래의 예를 참고해 보면 이해가 빠를 것 같다.

❶ **겸직** : 한 회사의 직책을 맡고 있으면서 다른 회사(자회사, 자매회사)의 직책을 겸하는 경우. 필자도 최근까지 단군소프트의 대표이사와 자회사 한 곳의 대표이사를 겸했다(연봉은 단군소프트에서만 받음).

❷ **사외 이사** : 주로 어떤 회사나 대학교, 연구소 소속으로 있으면서 또 다른 기업의 사외이사로 2~3년의 계약기간 동안 겸직하는 것. 원래 일하는 조직에서 받는 연봉, 복지 등의 급여는 그대로이며, 여기에 사외이사 수당을 별도로 받는다. 정해진 회의에 참석해야 하며 업무 수행, 이사회 이사로서의 결정 등 책임을 져야 한다.

❸ **외부 강의** : 대학교, 연구소, 회사에 속해 있으면서 외부 강의를 하고 강사료를 상당히 받는 경우이다. 대학교 등에서 학기 단위로 강의하는 경우도 있고, 일회성 강의를 하는 경우도 있다. 통상 강사료가 아주 많은 경우가 아니면 외부 강의 활동도 회사 업무의 일부로 간주하고, 추가 소득으로 인정해 준다. 물론 회사에서 승인을 받는 절차는 거쳐야 한다.

이런 경우는 해당 고용주가 원해서 이루어진 상황이므로 오히려 바람직하며, 이미 이해관계거나 상호 충돌하는 것이 없다는 것을 확인한 것이므로 다른 문제를 만들 소지가 없다. 물론 경쟁 관계거나 납품 등 사업상 관련이 있는 회사의 직책을 겸하는 경우는 문제가 된다.

이제는 회사가 원하지 않는, 또는 회사일과 무관한 경제 활동에 대해 어떻게 대처할지 살펴보겠다.

<table><tr><td>사례 1</td></tr></table> 아내의 치킨 집에서

K씨는 대기업 제조업체에서 사무직으로 7년째 근무 중이다. 최근 아내가 집 근처 상가에 작은 치킨 집을 시작하여 매달 추가 수입을 거두고 있다. 물론 K씨도 퇴근을 일찍 하는 날이면 치킨 집에서 배달도 하고, 아내의 일을 거들고 있다. 그런데 일 년이 지나면서 회사의 야근과 치킨 집에서의 노동으로 피로가 누적되고 있었다. 어느 날, 도저히 참을 수 없어서 회사에서 조퇴를 하고 병원을 찾게 되었고, 과로로 인한 증상이므로 상당 기간 입원하여 휴식을 취하라는 처방을 받았다.

<table><tr><td>사례 2</td></tr></table> 중학생 수학 과외 교사

P씨는 중소기업에서 재무 담당으로 10년째 성실히 근무하고 있는데, 최근 중학생 수학 과외를 시작하였다. 일주일에 세 번씩 두 시간 동안 집에서 동네 아이 4명을 가르치고 있는데, 평판이 좋아 한 팀 더 만들어 달라는 요청을 받고 있다. 한 팀을 더 하면 거의 매일 과외를 해야 한다. 회사 업무와 체력, 수입을 생각하면서 고민하고 있다. 그런데 어제 점심시간이 조금 지나서까지 사무실에서 수업 자료를 준비하다가 상사에게 들키고 말았다. 상사는 과외 부

업 때문이라는 설명을 듣고는, 당장 그만두라며 큰 소리로 나무라며 화를 냈다.

고용계약의 법적인 정의에 관한 한, 회사는 직원이 업무 외 시간을 어디에 사용하든 관여할 수 없다. 물론, 그 내용도 회사에 알릴 의무가 없다. 회사는 피고용인이 회사의 업무를 수행하는 시간 동안만 고용주로서의 권리가 있다. 단, 어떠한 이유로든 회사 밖에서의 활동이 회사 업무 수행에 악영향을 미친다면, 정상적인 업무 수행을 위해 직원에게 필요한 조치를 할 수 있다.

앞 사례들의 분석을 해 보자.

사례 1 분석   부업 때문에 회사 일을 쉬어야 하는 경우. 이런 경우는 절대로 발생하면 안 된다. 말 그대로 부업 때문에 주업을 그르치면 안 된다. 회사 일에 문제가 생길 정도가 되면, 상사는 당연히 '조치'를 취해야 하는 것이다. 여기서 조치란 부업은 아내 혼자 하도록 하거나, 회사를 그만두도록 하는 것을 뜻한다.

사례 2 분석   얼핏 큰 문제가 아닌 것으로 보인다. 직장인이 점심시간에 하는 것은 인터넷 쇼핑, 온라인게임, 문자 메시지 주고받기, 개인적 통화 등으로 아무 잘못이 없다. 그리고 회사 업무에 영향을 준 것도 없다. 그러나 선을 넘는 것은 곤란하다. 집에서 할 일을 회사에서 하다가 점심시간을 넘긴다거나 과외 지도할 생각에 업무에 지장을 줄 수도 있다. 이것을 상사에게 들킨다면 한순간에 신뢰를 잃을 수 있다.

경제적으로 여유가 있으면 회사 일도 더 잘할 수 있을 것이라는 핑계를 대면서 주식 투자, 부동산 등 재테크에 관심이 있는 사람도 많다. 그러나 정도껏 해야 한다. 회사에서 업무 외의 일을 하며 돈을 벌려고 하는 것이 알려지면 회사 내에서 성실한 직원이라는 평판을 듣기 어려워지고, 결국 회사에서의 경력 개발도 제한될 수밖에 없다. 임원으로 승진할수록 전력투구해도 성공이 보장되지 않는데, 다른 곳에 시간과 노력을 분산시키면서 좋은 결과를 기대할 수 있겠는가?

부업은 회사 업무에 조금이라도, 아주 조금이라도 악영향을 준다면 삼가야 한다. 회사에서 성공하기로 마음먹었다면 말이다. 한 가지에서 성공하는 것도 어려울 텐데, 두 가지 모두 성공하기가 쉽겠는가? 부업을 할 여유가 있다면 그 여유를 더 투자해서 지금 하는 일에 더욱 전력투구하라.

질문 07
외모 :
얼마나 투자해야 할까?

> **Q** 거울을 보다가 갑자기 P대리 생각이 났다. 얼굴도 예쁘고, 몸매도 출중한
> 그녀는 사내에서 인기가 좋다. 프레젠테이션을 할 때도 자신감이 넘치고
> 여유가 있다. 모두 우월한 외모 덕이 아닐까?
> 나도 이번 여름휴가 때 성형외과 도움을 받아볼까 고민이다. 업무 성과가
> 좋으면 성공할 것이라는 생각은 나만의 생각일까? 혼란스럽다. 요즈음은
> 화장하는 남자들도 많다던데….

직장인으로 업무 성과 외에 개인적인 평가 요소 중에서 외모를 무시
할 수는 없다. 외모는 얼굴, 체형, 목소리, 헤어스타일, 제스처, 복장
등이 모두 포함되는 개념일 텐데 고객, 상사, 동료, 협력사 직원 등 업
무 상 마주치는 상대방이 호감을 느낄 정도라면 더 이상 바랄 것이 없

다. 잘 생길수록, 옷을 잘 입을수록 좋다는 말이 절대 아니다. 외모가 너무 출중하면 부담스럽게 느껴진다는 사람도 많다. 실제 "영업사원 외모에 대한 고객 호감도"를 조사한 결과를 보면 "조금 잘생긴, 복장이 단정한 영업사원"이 가장 높은 점수를 받았다. 추가로 밝은 인상과 건강미, 예의 바르고 잘 정리된 대화 능력 등이 필요하다고 하였다.

외모의 기준, 또는 바람직한 스타일을 생각해 보자. 아무래도 누구나 노력하면 쉽게 변화시킬 수 있는 복장에 관한 언급이 많을 것 같다.

1. 사회적, 시대적 가치관의 변화

1980년대 초 필자가 직장생활을 시작할 때는 직장인 남성 대부분의 패션은 남색 싱글 양복, 검은 구두, 흰 와이셔츠, 튀지 않는 색의 넥타이였다. 가끔 콤비 재킷을 입고 갈색 구두도 신었는데, 이러면 캐주얼이라고 할 정도로 점잖고 단조로운 복장이 대세였다.

그런데 요즈음은 근무 복장이 아예 캐주얼인 대기업도 있다. 디자인도 다양해지고, 개성을 존중하는 등 많이 유연해진 것이다. 고객을 만나거나 대외 협상, 협회 회의, 관공서 출입 등 공식적인 자리에서만 정장을 하면 된다.

최근에는 외모를 보완해 주는 패션 아이디어도 넘쳐나고, 성형수술, 피부 관리, 모발 관리, 액세서리 등 외모에 투자하는 젊은이가 많다. 필자도 어느 정도 찬성하는 입장이다. 투자한 만큼 그 이상의 효과를 거두면 된다는 생각이다. 멋지게 보이면 대인 관계에 도움이 되고, 자신감도 생긴다. 일의 성과도 더 좋아질 것이다. 일도 못하면서 쓸데없이 외모에만 신경 쓰는 한심한 직원으로 보이지만 말자.

2. 업종에 따라

패션업계 종사자들은 자신의 브랜드를 알리게 위해서 더욱 튀는 디자인으로 사람들의 이목을 끈다. 그러나 복장이 되도록 보수적이어야 상대방이 실제 전달하는 내용에 집중하는 금융업은 이와 정반대의 패션을 추구한다. 자신이 근무하는 업종의 특성이 있다면, 이를 따르고 즐길 일이다. 왜냐하면 앞으로도 변화 없이 쭉 그럴 테니까 말이다.

3. 직종에 따라

필자는 영업직을 오래 하다 보니, 거의 평생 정장 차림이었다. 당시 회사에서 영업직에게 정장을 요구했던 이유는 간단하다. 우리의 고객(주로 대기업, 대형 기관 등)이 그런 복장의 영업사원에게 호감을 가진다는 것이다. 나 역시 보험 영업사원(남성), 자동차 영업사원을 만날 때도 당연하다는 듯이 그들의 정장 차림에 익숙해졌다. 영업직이라면 튀는 복장으로 고객들에게 더 호감을 줄 수 있다고 고집하고 싶어도 포기하라. 회사는 당신보다 더 훌륭한 전문가의 오랜 통계적인, 경험적인, 직관적인 판단에 따라 결정을 한 것이기 때문에 더 확실한 결과를 보장한다.

4. 개인 취향에 따라

어느 정도 자유로운 복장이 용인되는 회사, 그리고 그런 시간에는 마음껏 자신의 개성을 표현하자. 물론 활발한 활동과 자신감 있는 태도 등 복장과 어울리는 분위기, 제스처가 함께 해야 자연스럽게 호감을 얻을 수 있다. 이제는 개인도 자신의 브랜드를 만들어야 한다는 의견에 동감한다. 나의 이미지를 긍정적으로 만들어 가는 노력도 해야 함을 강조하고 싶다. "운동도 잘하고 일 추진력은 최고", "고객들이 가장 신뢰하는 영업맨", "총무부의 패션모델" 등이 되어 보자. 가수는 일단 노래를 잘해야 하듯이, 회사에서 일을 못하면 어떤 좋은 별명도 붙지 않는다. 조롱하는 별명만 따라다닌다.

5. 국제화에 따라

외국인 회사에 근무하거나 외국인과 만날 기회가 많다면 그들과 통할 수 있는 패션, 스타일 등이 필요하다. 능숙한 외국어 실력과 함께 그들이 동질감을 느끼고, 문화적으로 잘 어울린다는 느낌을 줄 수 있는 것이 중요하다. 패션뿐만이 아니라 제스처, 자세도 포함된다. 일을 하면서 관찰하고 참고할 것을 파악하여 실행에 옮기면 된다. 직장 여성에게는 화장이라는 분야가 하나 더 존재한다.

몇 가지 예를 보자.

1990년 어느 날, A양은 화려한 큐롯(무릎 길이 정도의 여성용 반바지) 차림으로 출근하였는데, 여성 부장님이 호출하였다. 부서의 다른 남자 직원이 "정장도 아닌 무슨 홈웨어 같은 것을 입고 회사에 나왔나? 다른 복장을 해달라고 지시해 달라. 다른 남자 직원들도 같은 생각이다."라고 요청한 것이다. 당시 유행하던 복장으로, 정장도 아니고 홈웨어도 아닌 애매한 스타일이기는 했다. A양은 분명히 정장의 일종이며 남자들이 패션과 유행을 이해하지 못해서 그렇다고 설명했으나, 결국 부장의 요청을 받아들였다. 회사에 정해진 드레스 코드(Dress Code)가 있는 것도 아니고, 많은 사람들이 불편해 하면 자신이 양보하기로 한 것이다.

B양은 여름휴가 중에 약간의 성형수술을 받았다. 같은 부서 여직원들은 모두 알고 있었고, 남자 동료들과 부장님은 모르고 있다. 수술 후

출근 첫날, 힐끗힐끗 쳐다보는 남자 직원의 반응이 나쁘지 않다. 좀 친하게 지내는 입사 동기 남자 동료가 "성형했나 봐. 보기 좋은데." 하는 바람에 기분이 좋아졌다. 돈도 많이 들었는데 반응이 좋아 다행이다. 잘한 선택이라는 생각이 들었다.

20대 지방 파견직이 많은 C회사. 사장님이 출장을 다녀온 다음날 총무부장을 불렀다. "내가 직원들을 불러 격려를 하려고 했더니 찢어진 청바지를 입은 사람, 귀걸이를 한 사람, 머리를 노랗게 물들인 사람, 참기가 막히더군. 당장 복장 지침 만들고 파견 직원 모두 검사해서 복장 단정히 하도록 하세요. 고객사에서 달가워하지 하지 않을 것은 하지 말아야지." 지금까지 복장 등 외모에 대해서는 고객사의 불만이 접수된 적이 전혀 없는데, 60대인 사장님의 생각이 너무 보수적인 것 같다. 그래서 결국 조금 더 단정한 청바지, 머리 염색 시정 등을 요구하는 정도로 사내 게시판을 통해 발표하고 마무리하였다.

실제 대다수 회사는 경험 많은 인사 책임자가 주로 상식적인, 우리 회사에 적당한 기준을 제시한다. 판단하기가 애매하다면 자신의 생각보다 좀 더 보수적으로 선택하면 안전하다.

스피치 코칭 업체가 생겨났듯이 개인별 이미지 컨설팅 업체도 많이 생겨났다. 이런 업체가 생긴 것이 증명하듯 외모는 상당히 중요한 사회생활의 요소임에 틀림없다. 시간이 가면서 저절로 스타일이 자리를 잡겠지만 무심한 사람보다는 노력하는 사람이 적극적이고, 센스 있는 사람으로 보이기 마련이다. 회사도 사람들이 같이 모여 일하는 사회인 이상, 현실을 받아들이고 노력해야 한다.

또 한 가지 중요한 것이 있는데, 바로 "깔끔함"이다. 아무리 잘 생기고 멋진 옷을 입어도 머리가 엉클어져 있고, 넥타이가 풀어져 있으면 아무 소용없다. 패션만 좋아서는 부족하고, 깨끗하고 구김 없는 옷매무새, 똑바로 맨 넥타이, 반짝이는 구두 등 깔끔함이 외모의 완성임을 잊지 말자.

질문 08
학연과 지연 :
득이 될까?
독이 될까?

이번에 임원으로 승진한 K상무는 회장님하고 같은 대학 출신이다. 나는 그들과 출신 학교가 다르다. 그래서인지 알 수 없는 불안함이 느껴진다. 그 학교만큼 좋은 대학교를 나왔다고 생각하지만, 왠지 무언가 불이익을 받을 것만 같다. 일찌감치 우리 대학 출신이 많은 회사를 찾아 옮겨야 하나, 아니면 이를 악물고 이 회사에서 임원까지 도전해 보아야 하나?

훌륭한 학교를 나오면 우수한 동문이 많아지고, 사회적으로 인정받는 분야에 진출할 확률이 높고, 이에 따라서 성공한 선배, 동창, 후배들이 많아져 서로 도움을 주고받을 기회도 많아지는 것이 사실이다. 반면 성공한 동창들의 숫자가 적으면 적은 대로 더 결집력이 강해진다. 가까운 인맥에게는 무언가 도움이 필요하거나 모르는 분야에 관해 물어볼 때, 편하게 연락해서 해결할 수 있다.

　과거에는 학연과 지연을 따지는 현상이 지금보다 더 많았다. 학연이 없으면 같은 회사 출신이라도 모여서 힘을 보태는 등 어떤 경우라도 소모임은 항상 존재하는 것 같다. 서울에서 태어나서 계속 서울에서 살아온 필자 같은 서울 토박이는 지연에 대해 전혀 의미를 두지 않는데 아직도 지방의 작은 지역 출신일수록 유대감은 매우 강하다. 최근에는 해외 유학 시절의 같은 대학, 대학원, MBA 출신들도 모임을 만들고, 경영자를 위한 야간 경영자 과정의 동기 모임 등도 만들고 있다. 우리 사회의 인맥 만들기 욕구는 여전한 듯하다.

　그런데 왜 학연, 지연 이야기가 나오면 부정적으로 느껴지는 것일까? 서로 유대감을 공유하고 건설적으로 관계를 유지한다면 매우 긍정적인 것인데 말이다. 자기들끼리 불합리하게 배타적인 이익을 추구하는 경우가 많아서인데, 사회생활을 하다 보면 여러 사례로 경험하는 것도 사실이다. 학연, 지연이라고 하면 결정적일 때, 도움을 받는다는 뜻으로 주로 인식되는 것 같다.

　정 부장의 이사 승진은 과 선배인 김 부회장이 많이 밀었다며….
　내년 납품 계약은 고객사 구매담당 임원인 동향 선배 덕분에 성사되었어.
　고교 선배인 박 상무님이 도와주어서 내년부터 영업본부에서 일하게 되었지.
　전에 같이 근무했었다고, 이 전무가 김 이사를 본부장으로 발탁했다는데.
　이번에 해외지사로 영전한 김 부장이 사장님과 종교가 같대.

마치 다른 요소는 전혀 고려하지 않고, 학연과 지연에 의해서만 특혜를 준 것처럼 표현하고 있다. 정말 그럴까? 필자의 경험상 업무 능력이 뒷받침되지 않는다면 위와 같은 상황에서 고려 대상도 되지 않았을 것이다. (물론 정치권에서처럼 경력, 실적과 상관없이 완전 낙하산 인사가 없지는 않다.)

승진이든, 실적 올리기든 원하던 방향으로 결정이 되면, 도와준다고 했던 분의 말과 도움(확실히 도움을 주었는지는 확인할 수 없지만)에 대해 감사하는 자세로 이런 말들을 할 것이다. 도움을 요청했는데도 결과가 나빴다면 어떻게 반응했을까? 선배 욕을 하거나 "도와주셨는데도 어려웠나 봐." 하고 이야기할 것이다.

같은 학교 출신을 배려하면 남들이 자신을 욕할까 봐서 다른 학교 출신을 더 빨리 승진시키는 "역차별"도 있다. 인사권을 가진 사람이 주주나 오너의 눈치를 보는 경우에 가끔 발생한다. 물론, 이것도 짐작일 뿐 사실 확인은 어렵다.

정말로 공정하고 합리적인 결정만 하려는 사람도 있다. 그러나 조직의 관리자 입장에서는 어떤 이유로든 신뢰가 가는 직원이 있고, 그렇지 못한 직원이 있다. 다른 사람들이 잘 이해할 수 없는 결정이 나는 경우 이런 학연, 지연, 종교, 전 직장 등을 핑계 삼는 것은 아닐까?

이미 언급했던 것처럼 도움을 받는다는 수준을 사소한 것, 사람을 소개 받는 것, 모르는 것을 물어보고 답을 구하는 것 정도로 한다면 인맥, 학연, 지연은 모두 긍정적인 요소가 될 것이다. 반면 승진, 납품 등 큰 이해관계가 걸린 분야에서 배타적인 이익을 추구하면 부정한 인맥이 되고 만다. 자기들끼리는 더욱 관계가 공고해진다고 여기겠지만 점점 실제 성과보다는 다른 방법으로 목표를 달성하려 하고, 개인적인 욕심을 채우려 들 것이다.

오랜 기간 회사생활을 하면 누구나 이런 인맥의 도움을 받고 싶은 순간이 올 수 있다. 꾹 참고 유혹을 극복해야 한다. 자신의 능력으로, 자신의 성과로서 당당한 성장을 해야 한다. 자신의 능력을 넘어서는 자리에 오르거나 납품 등의 혜택을 받으면 자신을 도와준 인맥이 힘을 잃는 순간, 자신도 같은 처지가 되고 만다. 더 나쁜 경우 부정한 행위를 저지른 대가로, 회사를 떠나게 되거나 다른 거래처에도 소문이 나서 거래가 끊기는 등 더 걷잡을 수 없는 사태를 맞을 수 있다. 공정하지 못한 경쟁에서 승리한 결과는 결국 그 혜택보다 큰 손해를 보게 되므로 이를 명심해야 한다.

인맥(학연, 지연, 등)은 중요하고, 또한 잘 활용하여야 한다. 그러나 윤리적인 규범을 벗어나는 수준이 되지 않도록 평생 유의할 일이다.

질문 09
상사 :
형편없는
상사 응대법은?

우리 회사에는 왜 막말하는 상사들이 많을까? 영업 조직을 통솔하려면 그럴 수밖에 없다고 하는데, 정도가 심하다. 욕까지 해가면서, 머리가 나쁜 거 같다는 등 모욕을 줄 때면, 바로 사표 쓰고 싶어진다. 이 조직의 특성이라고 생각하고 그냥 받아들여야 하나, 한번 대놓고 따져야 고쳐질까 혼란스럽다. 또 이런 일을 당한다면 어떻게 대응해야 할까?

    다음 장의 사례 8에서 신뢰받지 못하는 상사 스타일에 대해 언급하겠지만, 여기에서는 그 이하의 경우에 해당하는 형편없는 수준일 때로 한정하여 살펴보기로 하겠다. 실제 직장생활에서 이런 상사가 직접적으로 큰 스트레스를 주지만, 흥분하지 말고 냉정하게 극복해야 한다.

    아무리 좋은 회사, 고상한 사업을 하는 회사라도 사람이 모여 오랜 시간 같이 일하는 조직이다 보니 다양한 사람들이 존재한다. 직장을 그만두는 가장 큰 이유가 "상사 때문"이라는 것은 동서양을 막론하고 똑같다. 사석에서 회사 동료끼리 한잔할 때, 대화의 소재로 가장 많이 등장하는 것도 바로 "상사"이다. 여기서 상사는 "회사"도 포함하고 있다. 회사의 불합리한 업무 지시나 조직 관리 등 모두 상사 책임이 되는 것이다. 이처럼 상사는 어떤 직장인에게든 가장 중요한 존재이다. 그러니 상사가 형편없는 사람이 걸리면 정말 회사를 떠나고 싶다.

오늘도 M부장은 어제 보고서 작성을 잘 못한 C대리를 야단치고 있다. "이 자식아, 이 따위로밖에 못 만들어? 신입이 해도 너보다는 잘하겠다. 정신 차리고 일하란 말이야!" 이렇게 야단을 맞으면 일단 모욕감에 얼굴이 벌개지고 화가 치민다. 후배 직원들 보는 앞에서 그러면 더 말할 것도 없다. C대리도 집에 가면 멀쩡한 가장이고, 직장 후배들 사이에서는 카리스마 있는 선배로 통하는 데 말이다.

다섯 부나 복사를 하라며, S부장이 A4 용지 30쪽짜리를 내민다. 그런데 열심히 복사를 하다 보니 대학교 레포트였다. 아마도 그룹 토의를 위해 학생 숫자만큼 복사를 하는 모양이었다. 이름을 보니 S부장 딸인 것 같았다. 한창 내일 회의 자료 만드느라 바쁜데, 이런 일을 시키다니 짜증이 나는 것을 참을 수가 없다. 지난번에는 딸 프레젠테이션 자료를 만들어 달라고 하더니….

우리 이사는 친구가 없나 보다. 지난주 관악산으로 부서 모두 등산을 가자고 해서 부서원이 거의 모두 참가했는데, 이번 주 토요일에는 간부들만 또 북한산에 가자고 한다. 나는 아이들과 토요일에 놀이공원에 가기로 했는데. 결국 간부 넷이 이사님을 따라 북한산에 갔다. 점심 먹고 내려와서도 저녁 때까지 막걸리를 기울이며, 이사님 말씀(?)을 억지로 들어야 했다. 정치 이야기, 경제 이야기, 회사 이야기…. 어떻게 이렇게 박학다식하고 세상 모든 이치에 능통한 분이 우리 회사 같은 작은 조직에서 이사를 하고 있나 놀랄 일이다.

오늘 저녁에도 구매부 K부장은 접대를 받으려고 납품업체 영업부장을 만나러 시내 모처로 나간다. 부서원 모두는 다음 주 사업계획 발표 자료 준비를 하느라 야근 중인데 말이다. 지난번에는 그 영업부장이 시계를 선물했다고 우리 앞에서 자랑을 했다. 아주 믿음직한 업체라면서 은연중에 그 회사를 더 도와주라는 압력을 넣는다. K부장이 다른 부서로 가기만 하면, 그 납품업체는 잘라 버리자고 부서원들끼리는 이미 약속했다.

임원 비서에게 치근대던 옆 부서의 H부장이 어제 사표를 냈다. 그 비서가 인사부에 공식 항의를 해서 조사가 진행되었고, 형사처벌은 안 하는 조건으로, 정식 사과하고 퇴사하기로 합의했다는 것이다. 말단사원인 나도 알 정도로 H부장의 성추행에 가까운 신체 접촉은 소문이 파다했는데, 결국 그렇게 수치스럽게 직장을 떠나게 되었다. 아마 재취업은 어려울 것이다.

이번에도 우리 부서 P부장은 임원 승진이 안 되었다. 동급의 지방 사무소장으로 내려가게 되었다고 한다. 욕심 많고 괄괄한 성격의 P부장이 풀이 죽어 있는 것 같아서 다들 조심하고 있는데, 결국 우리 부서 송년회 겸 환송회 장소에서 사건이 터졌다. "너희들이 나를 잘 보필하지 못해서 내가 이렇게 되었다. 너희들도 결국 나처럼 될 거야."라고 막말을 했고, L과장이 "그건 너무 과한 말씀 아닙니까? 저희가 잘못한 것이 뭡니까?"하고 대들었다. 그러자 부장은 갑자기 손바닥으로 L과장의 뒤통수를 내리치더니 "이리 나와 봐." 하며 소리를 지르고 난동을 부렸다. 환송회는 엉망이 되고 말았다.

가끔 싫어하는 상사의 행태를 조사한 결과가 뉴스거리가 될 만큼 황당한 행동을 하거나 개념 없는 상사들이 의외로 많다. 회사가 원래 수준이 낮은 조직이라면 이해가 갈 텐데 규모와 사업 내용, 구성원의 수준 등이 상당한 회사에서도 이런 일이 발생한다. 모두 자신이 왕이라고 생각하고, 남을 배려할 줄 모르며, 사회 윤리 규범에 대한 상식이 없는 경우이다. 개인적인 인성과 성격도 크게 작용하며, 회사에서 적절한 교육을 받지 못하고 조직 경험을 하지 못하는 경우는 더욱 위험하다.

위와 같은 사례가 내 눈앞에서 벌어진다면 어떻게 대처하겠는가?

우선은 크게 한번 숨을 쉬고 마음을 가라앉히라. 그리고 시킨 일은 한다. 그런 다음 회사 내의 믿는 선배나 과거 상사 등에게 상의하라. 후배나 동료는 그냥 스트레스를 해소하는 데 도움을 받으면 된다. 직접 그 형편없는 상사에게 "앞으로는 제게 이런 일을 시키지 말아 주십시오. 제 생각에는 잘못된 행동 같습니다." 식으로 이야기하는 것은 좋지 않다. 더 큰 반발을 유발할 수 있으며, 나에게 더 위험한 상황이 펼쳐질 확률이 높다. 도저히 해결되지 않으면 해당 부서의 임원이나 인사부에 요청하여 부서 변경을 신청하는 것이 좋다.

섣불리 그 상사의 해고를 요청하거나 내가 사표를 쓰겠다 같은 식의 배수진을 칠 필요는 없다. 나는 이 회사에서 그 상사보다 더 크게 성장할 직원이기 때문이다. 그리고 너무 그런 상사들을 저주하지 말라. 자신의 정신 건강에도 해롭고, 당신이 나서지 않아도 언젠가 그들은 자신이 저지른 행동의 대가를 반드시 치르게 되어 있다.

그간의 독언이 추억이라고?
H부장의 작별 이메일에 헛웃음만

아침부터 날아든 이메일 한 통에 사무실이 웅성거린다.

얼마 전에 회사를 그만둔 H부장이 같이 근무했던 직원들에게 보낸

작별 인사 편지였다.

몇 년 전에 그의 부하 직원이었던 나에게도 같은 메일이 왔다.

당시 H부장 밑에서 같이 일했던 동료 K와 그에 대해 얘기를 나누었다.

조근조근 H부장을 회상하던 K와 나는 대화가 길어지면서

어느새 서로 경쟁하듯 H부장에 대한 오랜 울분을 쏟아냈다.

H부장은 후배들에게 악명이 높았다.

항상 찡그린 얼굴로 실수한 직원을 경멸하듯 몰아붙이는 그의 말투는

후배들의 마음을 후벼 팠다. 그의 욕설과 폭언은 도를 넘었다.

조용하고 어리숙한 편에 속하는 K와 나는 H부장의 좋은 제물이었다.

아무리 야근을 하며 열심히 일을 해도 그를 만족시킬 수는 없었다.

사소한 실수라도 하면 우리는 거의 저주에 가까운 그의 비난에 시달려야 했다.

이런 폭군에 대한 후배들의 평가가 좋을 리 없었고,

이런 스타일의 리더가 발 딛고 살아갈 수 있는 시대가 아니니

아무리 좋은 성과를 내도 H부장은 번번이 승진에서 탈락했다.

좌절하던 H부장은 마침내 퇴사했다.

"혹시 나에게 좋지 않은 얘기를 들었던 후배들은

다 지나간 추억이라고 생각해 주길 바랍니다."

H부장의 이메일 문구를 보고 K와 나는 실소했다.

"끝까지 자기 마음대로군."

K가 말했다.

자기 말에 상처받고, 자기 때문에 회사를 그만둔 직원들도 있었는데

그걸 좋은 추억이라 생각해 달라니 말이다.

그는 회사를 떠나는 순간까지 제 잘못이 뭔지 모르는 것 같다.

H부장은 새로 시작하는 개인 사업체의 연락처를 남기며

"옛 동료가 많이 찾아와 주길 바란다."고 이메일을 끝마쳤다.

"결국 이것 때문에 이메일을 보낸 거였군."

K와 나는 그가 남긴 연락처를 어디에도 메모하지 않고

곧바로 이메일을 삭제했다.

나중에 보니 H부장 밑에서 일한 직원 대부분이 그랬다.

우리가 할 수 있는, 오래 기다려온 소심한 복수였다.

조선닷컴(2014. 1. 16) 기사 인용

질문 10
회사생활과
개인생활 :
균형을 잘 잡으려면?

> 요즈음 체중도 늘고 배도 나오고 걱정이다. 10년 동안 별로 운동도 안하고
> 야근에, 회식에, 해외출장에, 몸을 돌볼 여유가 없었으니… 아침 8시 출근
> 에 거의 매일 저녁약속이 있으니 운동은 언제 해야 하나? 잠까지 줄이다가
> 는 몸에 더 무리가 될 것 같고….

  얼마 전 정부는 직장 문화를 바꾸기 위한 캠페인을 전개한다고 발표
하였다. 이를 요약 정리해 보았다.

  지나친 야근과 불필요한 회식, 남성 육아 휴직, 제대로 사용하지 못
하는 휴가 등 우리 사회의 직장문화를 바꾸겠다는 것이다. 일과 가족,
여가, 삶의 균형과 조화를 이루기 위한 방안을 모색하는 기회가 될 것
으로 보인다.

캠페인의 취지를 좀 더 자세히 살펴보면 야근 부추기는 사회, 도돌이 표 회의, 불필요한 회식, 법정 휴가 일수에 미치지 못하는 실제 휴가 일수, 남성 육아 휴직 등 많은 직장인이 겪는 어려움을 함께 이야기하고, 해결 방안을 모색하자는 것이다.

그리고 근무 태도나 야근이 아닌 업무 성과로 개인을 평가하고, 회의는 최소화하는 기업, 유연 근무제와 스마트 워크, 퇴근시간에 자동으로 컴퓨터가 꺼지는 PC 오프제, 육아 휴직을 근속 기간으로 인정하는 문화 등 선진 사례를 정착시키는 것을 목표로 하고 있다.

정부는 주요 신문 · 방송 · 인터넷 포털을 통해 연중 캠페인을 진행하면서 주요 대기업 · 가족친화인증기업 등 선도적인 기업과 여성단체 · 노사단체 등 100여 개 기관과 1차 민관협의체를 구성할 것이라고 한다.

이제부터 직장문화를 바꾸기 위해 정부가 적극 나서겠다는 의지로 보인다. 핵심은 "직장인들의 일과 가족 · 여가 · 삶의 균형과 조화를 이뤄내기 위한 방안"이다. 다음과 같은 사회적 욕구를 충족하기 위한 목적이 아닌가 한다.

- 출산율 저하 개선
- 높은 노동 강도에 따른 근로자 건강 문제 개선
- 소득 향상, 복지 제도 개선 외에 실질적인 직장 문화 개선
- 근무 시간 외 실질적인 개인생활 보장
- 궁극적인 국민 행복 지수 향상

우리 사회는 급속한 경제 발전과 민주화에 따라 직장인들의 사회적, 문화적 생활의 기대 수준은 거의 선진국 수준에 이르렀고, 지금도 매우

빠른 속도로 변화되고 있다. 이제는 개인의 개성과 취향도 많이 인정되는 분위기이기 때문에 직장 분위기도 예전처럼 경직되어 있지 않다. 그러나 아직도 누군가 주도적으로 이끌어줘야 변화를 따라가려고 하는 회사가 많은가 보다.

사회적인 큰 흐름을 먼저 이야기한 것은 직장생활과 개인생활과의 바람직한 균형을 이야기해 보고 싶어서다. 사실 개인이 전적으로 선택해서 행동할 수는 없다. 회사마다 오랫동안 내려온 관행이 있고, 장기간 재직해야 하는 회사의 요구 사항을 제도와 규정을 앞세워 직원 개인이 대응하기엔 어려움이 있다. 토요일 휴무라고 해서 급한 일이 생겨 주말 작업을 같이 하자는데 혼자 빠질 수는 없으며, 법정 휴가 일수를 채운다고 자기 마음대로 일정을 잡아 업무를 쉴 수도 없다.

개인생활은 즐기는 것, 휴식만을 이야기하는 것이 아니라 자기 개발, 체력 단련, 대학원 등 학업, 정신 건강을 위한 취미 활동, 대인 관계를 넓히기 위한 동호인 모임 등을 포함한다. 일부 회사는 이런 부분을 지원해 주기도 한다. 장기적으로 직원이 회사생활을 더 잘할 수 있게 돕는 투자라고 생각하기 때문이다. 회사가 경제적으로 지원을 해 주고 직원 개인은 다양한 활동 중 선택할 수 있다. 예를 들어 템플스테이, 해외 문화 기행, 합창단, 사회인 야구단, 주말 봉사활동, 음악 감상, 영화 감상 등 모두 직원의 정신적, 신체적, 문화적 수준을 향상시키고, 정서를 풍요롭게 함으로써 업무에 더욱 집중할 수 있게 해 주고, 향후 회사의 관리자로 그 품성을 갖추는 데 도움이 된다. 이것이 회사가 경제적 지원을 하는 이유이다.

스트레스를 푼다고 도박을 하거나 지나친 음주, 위험한 오지 체험 등 일반 통념으로 수긍하기 어려운, 누구에게도 환영 받지 못할 일을 하는 것은 절대 금물이다.

개인적인 활동도 긍정적인 마인드로 적극적으로 해야 한다. 회사에서 지원을 해 주는가, 얼마나 많은 시간을 할애할 수 있는가, 얼마나 자유롭게 일정을 사용할 수 있는가 등 제도적인 보장이 얼마나 되느냐에 집중할 것이 아니라 장기적으로 나, 내 가족, 부서, 회사의 일을 하는데 도움이 되는지 생각해 보라. 꼭 회사 업무 관련 학업을 더 하는 등의 투자를 말하는 것이 아니라 내가 좋아하는 것을 회사 동료들과 또는 고객들과 같이 하면 더 좋겠다는 태도의 문제라는 뜻이다.

유의할 것은 일을 잘하면서 개인생활도 잘하라는 것이다. 일도 못하면서 다른 취미 활동에서만 특출하면 자칫 "일도 못하면서 재주는 많은 직원"으로 인식될 수 있기 때문이다.

결국 "균형"의 문제이다. 최대한 즐겁게 생활할 수 있는 개인생활을 누리는 것도 주어진 환경 안에서 자신이 선택해야 한다.

Chapter 6

KNOWHOW of OFFICE WORKER to SUCCESS

경력 개발 관련
사례

--- 　　　다양한 환경에서 다양한 구성원과 생활하는 직장인지라
터득해 가는 지식과 경험도 상당히 다르다. 다른 직장인들의 성공
경험과 실패담은 종종 디테일이 생략되고 결과만 포장되어
전달될 때가 많다.
좀더 구체적인 실제 사례, 가상의 사례를 통해 독자들이 앞으로
겪을 수도 있는 상황을 살펴보고, 직장생활을 성공적으로 수행해
가는 데 도움을 주고자 한다.

사례 01
승진 평가 :
승진하는 이는
무엇이 다른가?

연말 승진 인사 발표를 앞두고 내가 과장 진급 대상에 포함되지 않았다는 소문을 들었다. 대리 4년차인데 특별한 문제도 없었고, 올해 업무평가도 B를 받았는데 이유를 알 수가 없었다. 부서장(부장)께 면담 신청을 하고, 마주 앉은 자리에서 우리 회사의 승진 기준이 무엇인지 물어 보았다. 부장님도 100% 책임 있는 설명을 해 줄 수 있는 자리는 아니지만⋯. 과연 회사의 승진 기준은 무엇일까?

지금까지 업무 평가가 우수한 직원이 승진해야 할까 아니면 승진해서 앞으로 더 일을 잘할 직원이 승진해야 할까? 마치 대학에서 고교 성적이 높은 학생을 입학시켜야 하나, 대학에 와서 학업 성취도가 더 높을 학생을 입학시켜야 하나 고민하는 것과 비슷하다. 승진은 업적에 대한 보상이기도 하지만, 회사의 입장에서는 승진해서 수행해야 할 업무를 더 잘할 수 있는 가능성이 중요하기도 하다. 인사 관리 관점에서 자주 토론하는 항목이다. 그러나 실제로 가능성은 판단하기 매우 어렵기 때문에 다양한 관련 요소를 종합하여 결정한다.

다음 예를 보자.

김 대리는 국내 5위권 규모 소비재 유통 대기업의 수도권 백화점 담당 영업 책임자이다. 입사 후 2년간 지방 할인점에 근무하면서 영업 실적이 좋아 현직으로 배치되었고, 당시에 빠른 시일에 각광 받는 자리에 영전했다고 축하를 받았다. 현직에서도 5년간 매년 20% 이상 목표를 초과 달성하며, 같은 부서 내 영업 담당 10명 중에서 가장 실적이 좋았다. 대인 관계가 좋고 성격이 활달하며, 운동, 노래 실력 등 여러 가지 재능으로 회사에서도 인기 좋은 직원으로 알려져 있다. 좋은 성과에 따라 보너스라도 받는 날이면 부서 동료들에게 한턱 쏘는 여유도 있었고, 누구에게나 친절하고 마음씨 좋은 동료였다. 결혼 후 딸 하나를 두고 행복한 가정을 꾸리고 있으며, 건전한 생활과 회사에도 충성하는 자세가 돋보이는 직원이다. 이쯤이면 이번 연말 인사에서 수도권 백화점 영업 팀장(과장급)으로 승진할 최우선 대상자라고 거의 모든 사람이 생각하고 있을 정도였다.

그런데 실제로는 지방 영업팀에서 그럭저럭 목표를 초과 달성하면서 할인점 및 전문점 담당 영업 책임자로 있던 김 대리의 입사 1년 선배, 박 대리가 승진하여 수도권 백화점 영업팀장이 되었다. 크게 돋보이지도 않고, 별로 재주도 없는 평범한 직장인 스타일에 가끔 영업 지원부서와 마찰이 있을 정도로 자기의 목표 달성에 악착같은 면이 있는, 약간 성격이 강한 형이라고 할 수 있는 사람이다. 세련되고 훈훈한 분위기보다는 약간 긴장되고 몰입하는 것이 특징인 스타일이며, 회사에서 인기도 중간쯤이다. 그러나 상사가 원하는 영업 방식과 회사의 영업 지침에 많이 신경 쓰는 사람이다. 학벌도 그리 좋은 편은 아니고, 지금도 몇 년째 영어 학원의 새벽반을 다니며 실력을 향상시키고 있다고 한다.

(분석) 이런 사례는 매우 빈번하게 일어나는데 김 대리는 억울할 것이고, 주위에서도 회사가 공평하지 않다느니, 다른 이유가 있을 것이라느니 말이 많을 것이다. 실제로 "다른 이유"가 있다.

승진 평가 시 어떤 요소가 크게 작용할까?

영업성과가 좋기는 했는데, 누가 그 자리에 있었어도 그럴 만한 상황이면, 오히려 실적이 매우 우수하지는 않아도 어려운 고객을 대상으로 최선의 노력을 하고 기대 이상의 성과를 거두었다고 인정되는 사람이 더 좋은 평가를 받아야 할 것이다. 최대한 객관적인 영업 목표와 고객을 할당하겠지만, 단순한 숫자로 나타난 결과는 완벽할 수는 없기 때문에 회사는 즉 상급자들은 주어진 평가 기준, 예를 들어 "20XX년도 과장 승진 대상자 평가기준" 같은 것에 따라 평가한다.

김 대리가 더 우수한 인재이고 촉망 받는 상황이었지만, 회사는 다음과 같은 평가 기준을 세우고 이를 바탕으로 박 대리를 먼저 승진시킨 것으로 해석된다.

- 실질적으로 누구의 영업 성과가 회사에 더 기여했는가? 그리고 앞으로 누가 더 기여할 것으로 기대되는가?(기여도)
- 고객 관리(만족도, 의사소통, 회사 정책 적용 등)에 누가 더 충실했는가?(업무 성실성)
- 부하 직원을 통솔해야 하는 자리에서 누가 더 리더십이 있겠는가?(리더십)
- 부하 직원에게 누가 더 모범적인 선배로서 역할을 하겠는가?(솔선수범)
- 회사를 대신하여 소신 있게 악역을 담당할 자세가 되어 있는가?(적극적 자세)
- 회사에서 장기적으로 투자를 할 만한 안정감과 충성심이 있는가?(충성심)
- 성숙한 판단력을 보이고 그에 맞게 행동하는가?(성숙도)
- 의사소통에 성실하고, 배려하는 자세를 가지고 있는가?(의사소통)

142

- 장기적으로 임원급으로 성장할 잠재력이 있는가?(잠재력, 자기개발)
- 회사 내외 생활과 스트레스 해소 등을 건강하게 관리하고 있는가? 건전한 자세인가?(윤리성)

현재 영업 책임자로서의 평가가 아니라 앞으로 하게 될 일(관리자)에 배치되었을 경우를 가정하고 평가하여 박 대리가 더 좋은 점수를 받았다는 결론이다. 물론 두 사람 모두 기본적인 근무 태도 등은 최고 수준이라고 가정하였을 때이다.

여기서 알아야 할 더 큰 깨달음은 이것이 마지막이 아니라는 것이다. 앞으로의 직장생활을 생각해 보면 차장, 부장, 임원 승진 등 갈 길이 멀고 여러 고비를 넘겨야 한다. 이번 경험이 약이 되어서 더욱 노력하고 회사가 원하는 관리자에 부합하는 인재로 성장하기 위해 노력하는 계기가 되어야 한다. 바로 이러한 난관을 극복해 가는 적극적이고 긍정적인 모습이 다음에는 더욱 더 좋은 평가를 받아서 승진이 가속화되는, 전화위복이 될 수 있다. 과장 승진이 빨랐던 직원이 반드시 임원이 먼저 되는 것은 아니지 않은가?

가끔은 의도적으로 우수한 직원을 한번쯤 어려운 상황에 처하게 하여 시련을 극복해 가는 경험을 하도록 하는 경우도 있으니, 참고하기 바란다. 회사가 장기적으로 임원급 이상으로 성장시킬 젊은 인재를 정신 무장시키고 훈련의 과정으로 이렇게 좌절시키기도 한다는 것이다. 그리고 경력의 초반에는 승진 연도가 차이나 봐야 1~2년이지 않겠는가? 긴 직장인으로서의 재직 기간을 감안해 보면, 자신의 성공에 별로 심각한 영향을 줄 정도는 아니다.

경력 초반에 이러한 좌절이나 불만족스러운 회사의 처사에 일희일비하면 안 된다. 모두가 배우는 과정이고 계속 회사의 테스트를 받고 있으며, 앞으로도 계속 그렇게 진행될 것이라고 생각해야 된다. 스스로 성장하여 고급 관리자나 임원이 되어 젊은 부하 직원들을 관리하게 되면 이러한 관점을 더욱 확실히 이해하고, 실행하는 자신을 만나게 될 것이다.

사례 02
여성 직장인의 성공 방정식 : 현실을 인식하자

해외 마케팅부 김 차장은 같은 여성이며 성공적인 직장인으로 인정 받고 있는 이 상무를 찾아가려고 한다. 업무, 인사 관리, 육아 부담, 그리고 이미 다른 회사의 임원이 된 남편의 의견 등 복잡한 상황 속에서 자신이 계속 회사에서 살아 남아 성공할 수 있을지 아니면 지금 회사를 그만두는 것이 바람직할지 물어보려는 것이다. 이 상무가 결정을 해 줄 수는 없겠지만, 도저히 혼자 판단을 할 수가 없었다. 김 차장은 어떤 결정을 하는 것이 최선일까?

이제 모든 회사에서 여성이 차지하는 비중이 매우 커졌고, 점점 더 일하는 여성은 늘어날 것이다. 여성들끼리 같은 일을 하거나 경쟁을 하는 경우는 사정이 다르겠지만, 남성들과 같이 일하는 조직에서는 종종 차별 대우를 겪고 승진과 채용에 불이익을 받는다는 기사를 보기도 한다. 실제 설문 조사, 통계 등도 자주 보이고, 여성들에게는 보이지 않는 "유리 천장"이 있어서 아무리 일을 잘하고 노력해도 더 이상 위로 올라가지 못한다고도 한다. 점점 개선되고 있지만 아직은 상대적으로 위축감을 느끼는 것이 사실이다. 아직도 대기업이나 중견기업의 연말 인사에서 임원 승진자 발표가 있을 때 특히 여성에 대해서는 별도로 기사가 될 정도로 여성 임원의 수는 적은 것이 현실이다.

지방여대에서 전산학과를 졸업하고 중견기업에 입사하여 결혼 후에 아들 하나를 키우고 있는 A씨는 현재 글로벌 IT회사의 UNIX 기술지원부 차장이다. 첫 직장에서 실무자로 7년간 일하고 5년 전에 현재 회사로 옮겨 지금까지 열심히 일해 왔고, 과장, 차장급 20명 중에서 성과가 좋은 2~3명 중 한 명이며, 가장 고참이다. 실력도 최상급이지만 대인관계도 좋고, 영업부 담당자나 고객사의 담당자와도 협조를 잘하여 상사의 신임을 받고 있어서 이번 연말 인사에 부장 승진이 예상되고 있었다. 그렇게 되면 현재의 부서를 나누어 일반 기업 고객 지원팀과 공공·금융 산업 고객 지원팀을 각각 현재의 부장과 나누어 맡게 될 것이다.

연말 인사 발표를 며칠 앞두고, 사내 승인이 완료된 조직표에 따라 먼저 당사자를 면담하여 조직 구성 등을 준비하는 것이 이 회사의 관례여서 담당 상무가 A씨를 불러 승진 사실을 통보하였다. 그런데 이 자리에서 A씨는 승진을 포기하고 현재 업무를 계속하고 싶고, 관리자(Management)가 아니라 전문가(Professional) 경력으로 가겠다고 말했다. 담당부장과 상무는 당연히 관리자로 갈 것 같은 성향과 의지가 있다고 생각했는데, 사전에 충분한 의견교환이 부족했던 탓인지 그게 아니었던 것이다.

조직을 관리하고 성과를 책임지는 자리보다는 자신의 전문성을 가지고 계속 직장생활을 해 가는 길을 택하겠다는 것이다. 특히, IT 관련 산업은 고급 전문가 확보를 위해 이러한 제도가 있는 회사가 많다. 실질적인 직급이나 급여에서 거의 동등하게 대우해 주고, 조직과 성과 관리보다는 전문적인 기술 향상에 더 집중할 수 있게 해 주는 것이다. 선진국에서는 연구개발 분야의 최고급 과학자에 대해 오래 전부터 "fellow"라는 직책을 두어 최고급 두뇌를 연구에만 전력하게 배려해 왔다.

회사는 결국 우수한 인재인 A씨의 요청을 받아들였고, 다른 동료를 부장으로 승진시켰으며, A씨는 계속 UNIX 전문가로서 주요 고객을 지원하고, 회사의 기술 인력 양성에 기여하게 되었다. A씨는 장기적으로 고객에게도 크게 도움이 되었고, 나중에는 국내 UNIX 관련 분야에서 회사의 대표자로서 활약하였다. 잠시 고객 교육 담당과 기술 인력 양성 책임을 맡기도 했으나 50대 중반에 임원급으로 회사를 떠날 때까지 성공적으로 직장생활을 할 수 있었다.

(분석) A씨는 자신의 성향과 바람을 잘 알고 있었고, 회사의 제도 내에서 자신이 원하는 경력을 선택하여 평생 행복한 직장생활을 한 여성이 되었다. 좀 더 나은 보상과 조직을 지휘하는 매력은 있지만 성과와 인사 관리의 스트레스와 책임감에 힘들게 일하는 관리자 경력을 피한 것이다. 가사에 대한 책임이 큰 현실과 남성 위주의 조직 문화에 적극적으로 부딪쳐 나가는 길도 있지만, 기대치를 약간 낮추어 잡고, 성공 확률이 더 높은 길을 택하여 성공한 경우라고 판단된다.

열심히 노력하지도 않고, 성과도 별로 좋지 않고, 회사에 대한 충성심도 부족한 사람에게는 원하는 대로 선택할 수 있는 기회도 주어지지 않는다. 회사는 우수한 직원에게만 계속 더 큰 성장과 안정성 등 보상을 주는 곳이기 때문이다.

B씨는 미국에서 MBA를 마친 후 명품 의류 회사 한국 지사의 VIP 마케팅 담당과장으로 입사하여 만 5년을 일했다. 제품의 성격을 고려하

여 부유층과 전문직 종사자들을 상대로 특별한 이벤트와 1:1 영업을 성공적으로 진행하여 실적을 올리는데 크게 기여하여 회사의 신임이 매우 컸다.

미혼이라서 일에 더욱 전념하였고 모든 것이 만족스러운 상태에서 직장생활을 하고 있었는데, 아시아 지역 우수 직원을 이탈리아 본사에서 근무하게 하는 인사 제도가 생겨 B씨도 지원하였고, 결과는 성공이었다. 고생은 되었지만 3년간 파견 근무를 성공적으로 마치고 금의환향하면서 승진하여 부서장으로 배치 받았다. 그 후로도 계속 좋은 성과를 내며, 장래가 촉망되는 임원 승진 대상자로 여겨지게 되었다.

그런데 어느 날 업계 선배가 국내 대기업 계열 K패션업체에서 임원으로 일할 생각이 있는지 제안을 해왔다. 물론 비밀리에. 급여는 지금과 같은 수준으로, 현재 그 대기업의 연봉 기준보다는 높게 책정될 것이고, 새로 론칭하는 남성복 새 브랜드의 총책임자로서 기획부터 디자인, 광고, 생산, 유통, 재무까지 소 사장 역할을 하는 자리였다. 고민 끝에 K사의 사장을 만났고, 새 회사에서 일해 보기로 결정하였다. 현재의 직장에서도 임원 승진은 예정되어 있다고 판단되지만, 또 한 번의 새로운 일에 도전을 한다는 마음을 가지고….

분석 이 경우는 계속 열정적으로 새로운 도전을 하여 좋은 성과를 내며 인정 받는 성공적인 직장인의 모습이다. 남성과 다른 점이 있는가? 남성과 별로 다를 것이 없다. 크게 보고, 남성들과 다르다는 생각을 하지 말고 일하면 된다. 너무 조심하고, 요령껏 대응하려고 하고, 여성으로서 특별 대우를 받으려고 하면 더 두드러져 보이고 역효과를 볼 경우가 많다. 직장인으로서의 성공은 남녀 구분이 없다는 생각이 가장 기본적인 자세가 되어야 한다.

현실적으로는 입사 면접에서부터 여성에 대한 차별(?)은 시작된다. 결혼은 했나? 결혼하면 회사를 계속 다니겠는가? 아이가 있는데 회사 생활을 잘할 수 있겠는가? 남편은 뭘 하나? 왜 이혼했나? 등등. 이러한 개인적인 질문은 남녀 구분 없이 법적인 제한이 있는데, 아직도 제대로 훈련되지 않은 면접관들이 위험한 면접을 진행하고 있는 것이다. 상세한 대응 방법은 인터넷 자료나 서적을 참고하기 바라며, 앞서 언급했듯이 크게 보고, 상사와 선배들의 수준 낮은 행동을 적절히 이해하고 대응하면 된다.

남성들보다 더 노력하고, 성실하게 회사생활을 하며 인정받으려는 자세로 일하라. 특별대우를 받으려고 하지 마라. 스스로 약한 여성임을 드러내는 것이며, 성공하는 직장인이 되기를 포기하고 남들의 배려를 기다리는 약자가 될 뿐이다.

회사를 선택할 수 있는 상황에 있다면 조직 문화, 인사 제도 측면에서 외국인 회사, 공기업, 금융업, 대기업, 경영자가 열린 사고를 가진 일부 회사 등을 선택하는 것이 일하기에 편한 환경이 될 것이다. 아니면 아예 여성이 더 대우 받거나 차별이 있을 수 없는 전문직(디자이너, 프로그래머, 상담원, 간호사 등)을 선택하는 편을 고려해 보자.

사례 03
중소기업에서의 성공 :
자신의 스타일을
먼저 파악하자

입사한 지 5년이 되어 간다. 솔직히 대기업 몇 군데에 지원했다가 면접도 못해보는 바람에 제조업 중소기업인 현 직장에 재무 담당으로 입사했다. 회사는 꾸준히 성장하고, 같이 일하는 사람들도 좋고, 주말에 가족들과 여가를 즐길 시간도 충분하고, 다른 불만은 없다. 그러나 10년 후, 20년 후 대기업 임원들과 여러 면에서 차이 나는 모습을 상상하면, 사업을 해야 하나 싶고 자꾸 고민스럽다. 어떻게 하는 것이 좋을까?

보통 "성공"이라고 하면 더 크게, 더 빨리, 더 유명하게를 추구한다. 그러나 자신의 능력과 성향 등을 고려한 적절한 목표를 세우고 여기에 성공의 잣대를 맞추면, 실현 가능성이 좀 더 높지 않을까?

A씨는 유수한 국내 대학 경영학과를 졸업하고 대기업 계열사에 입사

하여 기획부서에서 차장으로 승진할 때까지 10년 가까이 무난히 경력을 쌓아 가고 있었다. 그런데 뭔가 지루하고, 자신은 더 적극적으로 무언가를 하고 싶은데 회사는 그저 하던 일만 잘하면 된다는 식으로 자신을 억누르고 있다는 생각이 든다. 회사 임원들의 일하는 모습도 자신이 그리던 성공한 모습과는 차이가 커서 현실에 안주하고 회사에서 시키는 일만 하는 것 같다. 자신들의 자리 유지를 위해 안전한 일만 조심스럽게 하는 것으로 보이고.

그러다가 대학 동기들과의 모임에서 회사에 대한 대화를 나누던 중 한 친구에게 우연히 채용 정보를 듣게 되었다. 국내 중견 상장기업으로 재무 구조도 탄탄하고, 강력한 제품 브랜드를 갖추고, 안정적인 사업을 유지하고 있는 업체의 기획부장급을 찾는다는 것이다. 그 친구의 친구가 회사 창업자의 아들인데, 그 친구는 아예 다른 일을 하기로 부친과 결정을 하여 이 회사의 장래를 책임질 인재를 채용하려고 한다는 것이었다. 지금보다 연봉 등 조건이 좋아지는 것도 아니고, 일도 더 많다고 하고, 아직은 잘 정비된 사내 경영시스템도 갖추지 못한 것 같았지만, 친구의 소개로 창업자를 만나 장시간 대화를 나누게 되었고, 전직을 결정하기에 이르렀다.

그리고 10년. 아침 7시 반 출근에 잦은 야근과 뚜렷한 상하관계 안에서 영업과 기획을 오가면서 다양한 일을 경험하며, 좋은 성과를 내며 보냈다. 최연소 임원 승진을 기록하며 신나게 일하고 보상을 받았다. 바로 A씨가 원했던 모습이다. 힘들었지만 창업자의 근면하고 원칙이 바른 자세와 겸손한 모습을 따르며 상호 신뢰를 키워 왔고, 스스로 성공하는 길을 만들어 온 결과 이제 경영총괄 부사장으로서 차기 CEO 내정자의 위치에 섰다.

분석 A씨는 종전 직장에 있었어도 이렇게 노력했다면 성공했을 것이다. 그러나 자신의 일하는 스타일을 펼칠 수 있고 신나게 일할 수 있었을지는 의문이다.

스스로 더 적극적으로 일하는 스타일이라면 A씨처럼 더 열악한 상황에서 노력을 다해 성공하는 모습을 보이겠다는 투지와 행동이 중요하며, 중소기업에서 더 빛을 발할 수 있다. 물론 이런 기회가 주어져야 하겠지만, A씨의 경우처럼 적어도 10년 이상은 꾸준히 전력 투구해야 상사의 신뢰를 얻을 수 있음을 알고 실행해야 한다. 대기업 숫자보다는 중소기업 숫자가 훨씬 많으니 어느 정도 안정된 중소기업에서 성공의 해법을 찾는 것이 더 용이하지 않을까?

실제로 A씨는 50세도 되기 전에 드디어 회사의 대선배와 함께 공동 대표이사 사장에 선임되어 이제 스스로의 선택이 옳았음을 증명해 보였고, 고생하고 노력한 보상을 받게 되었다. 그런데 이제부터 이 회사를 위해 정말로 자신의 꿈을 펼칠 수 있는 위치에 서게 되었다는 점이 더 중요한 것이다. 결국 회사와 A씨는 모두 10년 전 최선의 선택을 한 것이다.

사례 04
회사에 대한 충성심 :
아부가 충성은 아니다

💬　　요즘 업계 1위인 우리 회사 매출이 좋지 않다. 경쟁사들이 영업을 강화한다고 인력 보강, 광고 확대, 대리점 확대 등을 통해 강력하게 도전해 오고 있기 때문이다. 예상은 하고 있었지만, 내근직 과장급 이상은 이미 주말을 반납한 채 기존 대리점 방문, 대형 고객 방문 등 현장 영업에 투입되고 있고, 곧 대리급들도 동원될 것이라고 한다. 주말도 없이 싸움판에 끌려가고, 대리점 담당자들에게 굽신거려야 하고, 실적에 따라 영업직 아닌 직원들도 평가를 받는다고 하니 스트레스 때문에 머리가 아프다. 이번 기회에 회사에 사표를 내고 다른 기회를 찾아볼까?

"충성심"에 대해 오해를 하는 사람들이 많다. 아부를 잘 하거나 힘있는 상사의 줄에 서는 것이라고. 일에 대한 성실함과 회사에 대한 충성심은 아래의 예에서 보면 그 의미가 같다. 영어로는 Loyalty인데 나라에 대한 충성심을 회사에 대해서도 무한정 요구하는 것처럼 번역이 된 것 같다. 그러나 "같은 편, 같은 팀의 일원으로서의 성실한 자세"를 의미한다고 보면 좋을 것 같다.

우리 부서의 행정 지원 여직원은 올해 초 대학을 졸업하고 입사한, 영어도 잘하고, 비서 교육도 잘 받았다는 단정해 보이는 A씨이다. 항상 고객사에 제출하는 두꺼운 제안서 인쇄, 사내 교육을 위한 교재 인쇄 등 A씨의 업무는 주로 외부 업체를 접촉해야 하는 일이다. 담당 컨설턴트가 초안 파일을 주면, 회사와 계약되어 있는 인쇄 업체에 약간의 수정(표지 형식, 페이지 매기기, 오타 수정 등) 요구와 함께 납품 기한, 가격 등을 확정하여 발주서를 보내고, 사내 영업 경비 신청을 하고, 인쇄된 자료가 도착하면 요청한 컨설턴트에게 전달하면 된다.

그런데 수정 요청이 중간에 들어가거나 급하게 인쇄 요청이 있는 경우 종종 납품 시간에 쫓겨 주문하는 바람에 인쇄물이 도착하지 않아서 발을 동동 구르는 일이 생기곤 한다. A씨 전에 일하던 B씨는 이런 경우가 발생할 때, 자기 일처럼 애타면서 "아직 도착하지 않았는데 어떻하죠? 제가 한번 다시 독촉해 볼게요. 먼저 고객사로 가시고, 제가 인쇄물을 직접 들고 그리로 갈까요?" 하면서 같이 걱정하고 해결책을 제시하였다.

그런데 A씨는 일단 인쇄 업체에 정식으로 발주서가 발송되면 그 다음은 컨설턴트가 알아서 할 일이지 내 일은 아니라는 입장으로, 급한 일이 생겨도 전혀 걱정도 안하고, 신경쓰지 않는다. 컨설턴트들은 후속 관리가 귀찮고 불편한 것이 아니라 그 태도가 불편하다. 같은 팀원이라는 느낌도 없고. 결국은 인쇄 업체에게 일정을 확인하고 독촉하고 하는 일도 A씨 일이라고, 부서장이 지시를 하여 어느 정도 개선이 되었지만, 그래도 남의 일 취급하는 것은 여전하다.

얼마 후, 개인적인 사정으로 A씨가 퇴직하자 부서원 모두 잘 되었다는 반응이다.

(분석) 이런 상황이 그냥 기분 문제일까? 적어도 한 부서에 같이 근무하는 팀원이라면, 어떤 영업 건이 꼭 한 컨설턴트 개인의 성과만이 아니라 결국 그 부서 전체 성과이며, A씨 역시 부서의 성과를 위해 일하는 것이라는 사실을 알아야 한다. 팀워크라는 개념을 조금이라도 이해하고 팀을 이루어 무언가를 함께 하는 실습을 학교 때부터 많이 해 왔을 텐데, 매우 이기적이고 상식적이지 못한 수준이다. 이런 자세를 상사든 선후배든 어느 누가 좋아하겠으며, A씨에게 성장할 수 있는 기회를 주겠는가? 회사 일에 기여하기는커녕 주위 직원들에게 심리적인 불편함을 주고, 후배들에게 나태한 업무 행태를 보일 텐데.

B씨처럼 일하라.

나의 직접 업무 평가와 상관없는 일이라도 우리 부서, 우리 회사 일이라면 내 일처럼 여기고, 참여하라. 업무 범위, 책임 범위를 조금 더 넓게 보고 해석해서 행동하면 된다. 주위 동료들에게 긍정적인 영향을 주는 것도 업무 평가 요소 중 하나이다.

평범한 대학 출신인 K씨는 전자 업종 중견기업 두 군데에서 주로 구매와 총무 업무 등을 경험하며, 15년 동안 성실히 근무했다. 그러다가 마지막 직장이 대기업에 흡수 합병되면서 다시 새 직장으로 옮기게 되었다. 이 회사는 국내 정상급 전자업체로서 브랜드가 세계적으로도 잘 알려져 조건과 근무 여건이 더 좋아졌고, 주위 사람들 모두 축하해 주었다. 그러나 텃세 때문인지 몇 년간 중요한 보직을 맡지 못하고 지원 부서에서 주로 근무했다.

전임자의 갑작스런 퇴직으로, K씨는 기계 부품 구매 담당으로 발령을 받아 경기도 공장 관리본부에서 근무하게 되었다. 그런데 어느 날 납품 협력회사가 생산 지시를 잘못 적용하여, 규격의 실수를 저지르게 되었고, 다시 제 규격으로 재생산하는 데 필요한 시간(2주 정도)을 고려할 때 라인이 적어도 2~3일 정도 쉬어야 할 상황이었다. 예상되는 매출 손해가 50억원 이상이었다. 누가 잘못했는지는 나중에 따질 일이고, 일단 K씨는 대구 근처 협력회사 공장으로 내려갔다.

10일간 생산 라인에서 작업자들을 직접 독려하고, 포장재를 같이 나르며, 일손이 필요한 경우는 회사 비용으로 공장 인근의 사람들을 임시 채용하여 돕기도 했다. 숙직실에서 자면서 거의 매일 20시간씩 3교대 생산부 직원들과 함께 일정을 당기기 위해 전력투구하였다. 그 결과 라인 중단 사태 없이 잘 해결되었고, 회사 생산부와 협력회사 사장에게서도 고맙다는 인사를 받았다. 이런 해결 방식은 곧 회사 내에 소문이 났고, 그 후에도 계속 중책을 맡아 승진을 거듭하였으며, 올해 말 자회사의 사장으로 승진하였다. 물론 부품 구매, 납품 관리 등이 매우 중요한 업체로.

(분석) K씨는 실제 국내 굴지의 그룹 계열사에서 2010년 말 있었던 사장단 승진 인사의 주인공이다.

보통 지원부서 성격인 구매 담당이 이렇게 적극적인 문제 해결 방식으로 접근하지는 않는다. 실제 업무상 직결된 생산부 책임자들이 할 일이지만, K씨는 그렇지 않았다. "남다른 상식"을 가진 사람이었던 것이다. 즉 "충성심"에 있어서 궁극적인 회사의 손해는 모든 직원들이 책임을 같이 한다는 자세인데, 바로 이러한 모습이 상사에게는 감동적으로 보였을 것이다. 남이 하기 싫어하는 일을 스스로 몸을 던져 해결하는 적극적인 모습은 그 후에도 계속 되었을 것이고, 바로 이러한 자세와 능력이 꼭 필요한 자리에 승진, 발탁된 것이다. 회사의 이 결정은 K씨의 남다른 노력에 대한 보상이기도 하고, 앞으로도 그 능력이 필요해서이기도 하며, 다른 직원들에게 성공 사례로 보여주고 싶어서이기도 할 것이다.

　가끔 성공한 유명 임원, CEO들이 과거 어느 그룹에 재직할 때 한 프레젠테이션으로 회장을 감동시켰고 그때부터 승승장구하여 CEO까지 올랐다는 이야기를 듣는다. 물론 그것이 시작일 수도 있으나 그 전부터 쌓인 내공과 발탁된 후에도 계속된 혁혁한 성과와 충성심 때문에 승승장구한 것이지 마치 한방에 성공을 거머쥔 것처럼 회자되는 것은 그들의 노력을 간과한 것이라고 생각한다.

　직급이 올라갈수록 CEO, 또는 오너와 가까워지고, 그럴수록 충성심이 중요해지는 것은 왜일까? 회사 일을 자신의 일처럼 생각하고, 자신이 오너인 것처럼 생각하고 일하면 CEO나 오너와 같은 생각을 할 것이고, 결국 신뢰하고 일을 맡길 수 있는 직원이 되지 않겠는가?

사례 05
주위의 평판 :
나도 모르게
내 것이 되는 말들

지난주에 기획실 예산 담당 과장 채용 면접을 했는데, 특출한 한 명이 있어 채용하기로 내정하였다. 중견기업에 다니다 미국에서 MBA를 마치고 최근에 귀국한 지원자였는데, 인상도 좋고 의욕도 있어 보였다. 그런데 마침 이 지원자가 유학 전 근무했던 직장에 대학 후배가 있어, 전화해서 괜찮은 사람인지 물어 보았다. 능력도 있고 성격도 좋은데, 다른 사람과 협조가 잘 안되고 이기적이며, 업무에 대한 적극성이 없어 유학을 간다고 퇴사할 때 그 부서 모두가 좋아했다는 것이다. 전화를 끊고, 바로 채용을 취소했다.

회사 업무를 수행하면서 100% 완벽하게 회사의 공식적인 업무 평가에 따라서만 승진하고, 성공한다고 생각하는 사람이 혹시 있는가? 앞서 언급한 바와 같이, 잠재력 등 미래의 기대 성과에 대한 점수도 많이 작용한다는 것은 알고 있을 것이다. 그런데 의외로 이에 못지않은 결정적 평가가 있는데, 바로 "주위의 평판"이다.

일반적으로 승진 대상자 복수 후보자에 오르면 여러 부서의 임원 또는 부장급들이 모여 최종 승진자를 확정하는데, 이때 자기가 직접 지휘해 본 적이 없는 후배에 대해 어떤 기준으로 의견을 제시하고 평가를 할까?

보통 자신의 부서에 근무하는 그 승진 대상자와 동급인 직원들의 평가를 참고한다. 예를 들어, 해당 부서 임원이 "이번에 업무 평가가 가장 우수한 우리 부서 B차장을 부장으로 추천합니다." 할 때, 다른 부서 임원들이 "우리 부서 과장, 차장들이 그러는데, B차장은 게으르고, 자기 주장이 너무 강한 스타일이라고 하더군요. 그 부서의 업무가 주로 다른 부서와의 협력과 조정인데, 적합한 인물이 아닌 것 같습니다. 비슷한 경력자들 중에서 좀 더 성숙하고, 의사소통에 유연한 사람이 좋지 않겠습니까?" 하는 부정적 영향을 미칠 수 있다는 것이다.

평소에 사석도 자주 하고, 즐거운 농담도 부담 없이 할 수 있는 동료나 상사라고 할지라도 승진 평가 등 공식적인 회사의 책임이 주어지면 보통은 이에 성실하게 임하게 되므로, 냉정하게 평가한다. 주위의 진실된 좋은 평판을 얻기 위해서는 사적인 친밀감보다는 실질적인 업무 자세와 성격, 윤리적 판단 기준, 사생활 등에도 유의하며 직장생활을 해야 한다. 주위의 평판 역시 일반적인 사회생활에서의 "신뢰"와 마찬가지이다. 좋은 평판을 쌓아가는 데는 10년 이상이 걸리지만, 허물어 지는 것은 순간이다.

이직을 할 때에는 서로 잘 모르는 상태에서 채용 결정을 하게 되므로, 회사는 주위의 평판을 최종 판단 기준으로 삼는다. 다음 예를 보자.

A씨는 주로 국내의 외국계 특급호텔에서 Guest Relations Manager로 15년 이상 재직했다. 영업 성과도 좋고 고객 평가도 우수했다. 국내 여대 출신으로 미국에서 Hotel Management 석사 과정을 마치고 귀국하여 국내 특급호텔 영업부에서 외국인 투숙객 유치를 위한 외국인 회사 영업을 담당하면서 호텔 업계에 발을 들여놓았다.

몇몇 직장을 거쳐 현재는 중견 광고·마케팅 대행업체에서 외국인 회사 담당 영업을 2년째 해 오고 있다. 작은 조직에서 스스로 거의 모든 일을 해야 하는 부담과 익숙하지 않은 업계 관행 때문에 스트레스도 많은 상태라서 이직을 결심했다. 헤드헌팅 회사의 소개로 국내 대기업의 Employee Relations 담당 부장으로 서울 근처 소재 전자부품 공장에서 근무하는 자리를 추천 받았다. 조건은 만족스럽지 않았으나 새로운 업무에 의욕을 가지고 진행하여 2차에 걸친 면접을 통과하였으며, 최종 입사 결정을 앞두고 있었다.

그런데 갑자기 인사 담당 전무의 반대로 입사는 무산되었고, 채용 담당자도 그 이유를 잘 모르겠다고 전해 왔다. 전무 주위의 개인적인 인맥으로 알아보고 결정한 것 같다는 이야기만 하고. 그래서 과거 근무했던 직장에서의 자신의 업무 태도, 인간관계 등 업무 성과 외의 평가요소에 대해 돌이켜 보니, 좋은 평가를 받지는 못했을 것이라는 생각이 들었다. 이제 돌이킬 수 없는 "이력과 평가"가 되었으니, 앞으로 직장 생활이 걱정되었다.

분석　이 경우는 인사 담당 전무(실제 사례에서는 다른 부서 임원이었음)의 후배가 A씨의 10년 전 직장의 임원으로 재직 중이어서 A씨의 근무 태도 등에 대해 정확히 듣게 된 것이 채용을 취소한 이유였다.

외국계 호텔에서 일할 때 주위 인간관계나 근무 태도보다는 너무 업무 성과에 치중하여 일하고, 서구적인 조직의 특성을 이용해 자유롭게 회사생활을 했던 것이 화근이었다. 예를 들어, 업무 진행 시 주위에 양보가 없고 너무 이기적이라든가 출근 타임카드가 없다고 종종 늦게 출근했다거나 일은 잘하는데 가깝게 지내는 직원이 없었다거나 하는 것이다. "당신이라면 이 직원을 데리고 일하고 싶은가?" 하는 질문에 "아니요."라는 답을 들으면, 누가 채용할 수 있겠는가?

그러나 회사 측도 유의해야 할 사항이 있는데, 종종 간과하고 있다. 그 인사 담당 전무의 후배가 공정하고, 냉정한 평가를 했는가 하는 점이다. 개인적으로 신뢰할 수 있다고 해서 외부에 있는 단 한 사람의 평가에 의존하여 채용 여부를 결정하는 것은 매우 체계적이지 못하다. 적어도 몇 명의 의견을 동시에 구해야 한다. 과거 재직했을 당시의 업무상 관계 등을 통해서 특별히 나쁜 감정이 생겼을 수도 있기 때문이다. 물론, 한 명의 평가라 해도 업무 수행에 치명적인 문제점이 된다면 채용 거부의 이유로 충분하다.

헤드헌팅 서비스를 통할 때도 최종 채용 단계에서 상당 기간 같이 재직했던 상사, 동료, 후배, 고객의 평판을 조회(Reference Check)하여 참고하는데, 특별한 하자가 있는지 참고하기 위한 목적이다. 즉 윤리적 문제, 사생활, 성격 등에 대한 의견을 참고하고, 이력서 내용의 사실 여부를 확인하는 것이다. 이때 직접 방문하거나 전화 통화를 통해 질문하고 답을 받는데, 다음에 제시하는 그 질문의 일부 예를 참고하기 바란다.

평판 조회 질문서(예)

채용 대상 직책 · 회사(의뢰자) XXXXX / XXXX
채용 대상 후보자 이름 · 현재 직책 · 회사 X XX / XXXX / XXXX
평판조회 답변자 이름 · 직책 · 연락처 X XX / XXXX / 010-XXXX-XXXX
일시 2011. 3. XX   질문자 이름 X XX

업무 능력

– 당신과 같이 재직할 당시 후보자의 업무평가는 부서 직원들 중에서 몇 등이었나?
– 그 직원의 최근 업적 중 가장 자랑할 만한 것 한 가지는?
– 최근 업적 중 가장 잘 못한 일 한 가지는?
– 그 직원의 어떤 기술, 또는 능력, 노력이 회사에 가장 기여했다고 보는가?

리더십

– 관리자 또는 임원으로서 통솔력은 몇 점을 주겠는가?
– 부하 직원들을 리드하는 방식은? Amiable / Analytical / Expressive / Driver
– 부하 직원이 통솔에 반발한 경우가 있었다면, 어떻게 대응했나?
– 비합리적인 상사의 지시에 대해서는 어떻게 대응하는 스타일인가?

의사소통/외국어 능력

– 업무상 외국어 능력은? 혼자 미국 출장 가서 교육 받고, 전수 교육을 할 수준이 되는가?
– 동료나 상사와 업무상, 사적인 의사소통에 문제점은 없었는가?
– 프레젠테이션 능력은 몇 점을 주겠는가? 영어로도 가능한가?
– 자신의 의견을 다른 사람에게 설득하는 스타일은?
– 유머러스하고 주위에 밝은 분위기를 만드는 사람인가?

윤리성

– 회사의 규정과 일반적인 사회적 규율에 성실한가?
– 이성, 채무, 전과 등의 사적인 문제점은 없었나?
– 부하 직원들 중에서 윤리적인 문제가 있는 경우 어떻게 대처했는가?

충성심

– 회사 업무에 우선순위를 높게 두는가?
– 이 직원을 따르는 후배 직원들이 많은가?
– 종전 회사에서의 정확한 퇴직 이유는?

인내심 / 건강

– 어려운 일이 생길 때, 어떻게 극복하려고 하는가?
– 스트레스를 푸는 방법이나 취미는?
– 체력적으로 건강하고 지병은 없는가?

종합

– 장기적으로 신뢰하고 같이 일하고 싶은 직원인가?
– 굳이 언급하자면, 장점 및 단점 세 가지는?

종합 의견 :

시간을 많이 내기 어려우므로 보통 20분 내외에 앞의 질문 중에서 추려서 답변을 부탁하며, 답변을 보고 보충 질문을 더하는 경우도 있다. 능력에 대한 솔직한 평가를 부탁하는 것이지만, 종종 후보자가 제출한 이력서 등을 확인하고, 면접 시 답변한 내용을 확인하는 절차도 겸하고 있어 "XXXX년 당시 XXX 고객사에 대한 협상 타결에 주도적인 책임자였던 것이 맞습니까?"라는 식의 질문도 많다.

이 평판 조회 절차는 모든 채용 관련 서류(성적증명서, 학위증명서, 재직증명서, 자격증 사본 등)를 제출하는 보통의 국내 관행과는 달리 이력서 하나 제출하고 면접해서 채용 여부를 결정하는 서구식 채용 방식에서는 매우 중요한 절차이다. 이때, 능력 검증도 같이 하는 것이며 의외로 답변자들에게 솔직하고 공정한 답변을 받는다. 심지어 자신이 사인한 편지 형식으로 회사에 직접 제출하기도 한다.

우리나라에서는 아직도 많은 경우에 후보자에게 알려지지 않는다는 조건 아래 답변을 해 준다. 그러나 채용 후보자가 정식으로 여러 명의 평판 조회 답변자 리스트를 회사에 제출해서 진행하는 것이 법적으로나 상식적으로 정상적인 절차이다.

사례 06
외국인 회사 경력자 :
성공, 실패 사례 모음

내 친구는 벌써 대형 외국인 회사에 입사한 지 5년이 되어 과장으로 승진도 하고, 다양한 복지 제도의 혜택도 있고, 해외 출장도 많아 친구들의 부러움을 사고 있다. 나는 이제 국내 중견기업에서 대리가 되어 토요일도 거의 출근해야 하고, 연봉도 그 친구의 반이 조금 더 될 뿐이다. 내 친구는 직장인으로서 성공한 것일까? 나는 잘못된 선택으로 계속 손해 보는 인생을 살아야 하나?

외국인 회사란 해외 자본이 50% 이상 투자되어 국내에 설립한 법인을 말한다. 즉 경영권은 해외 자본(미국 본사, 또는 아태 지역 본사 등)이 행사하며, 일단은 국내 법인이기 때문에 세무, 노무 등 관련한 모든 국내법을 따른다. 일부 해외 법인 소속으로 국내에서 근무하는 직원이 있지만 숫자는 매우 적다. 점점 국내에 진출하는 외국인 회사가 많아지고 규모가 커지면서 외국인 회사 종사자가 늘고, 국내 기업과의 직원 교류(채용 관련)도 급속히 늘고 있다. 예전에는 차이가 많던 급여 수준, 기업 문화, 경영 스타일도 많이 한국적(?)이 되어 한국인 지사장 숫자가 대다수를 차지하고 있고, 사회적 차별도 거의 없어졌으며, 국내 기업과 같이 국가 경제와 고용 창출에 기여하고 있다는 성숙한 시각이 자리 잡았다.

외국인 회사의 특징은 무엇일까?

한국 지사에 나와 있는 외국인이나 해외 본사 및 타 지역 지사와의 의사소통을 위해 영어 실력이 필수이다. 종종 국제적인 업무 수행을 위한 AICPA(미국공인회계사), 미국 변호사 자격증을 요구하기도 하고, 미국이나 유럽 MBA를 채용 우선순위로 보기도 하는데, 영어 실력과 경영에 대한 기초를 확인하는 방법이라서 그럴 것이다.

서구식 기업 문화에 익숙해야 직장생활이 편하고, 장기적으로 성공할 수 있다. 일단 입사하면 관련 교육과 업무 경험을 통해 저절로 익숙해지는 업무 스타일이기는 하다. 매우 합리적이고 효율적이며, 논리적인 업무 처리를 좋아하고, 하의상달 의사소통도 환영하며, 외국인들과 편하게 어울릴 수 있는 사람을 원한다.

목표 지향적이며, 과중한 업무에 대한 인내심과 냉철함, 성숙함도 요구 받는다. 이는 국내에 진출한 대부분 외국인 회사가 주로 영업 조직이기 때문인데 매 분기 목표 달성 여부에 민감하고, 직원 각자 개인 목표를 최우선으로 일하고, 수시로 임직원이 교체되는 분위기와 관련이 많다. 그리고 서구식 인사 제도에 따라 성과 평가, 성과급제도, 복리후생, 상사와 부하 직원 간의 역할 분장, 승진의 한계, 경비 사용에 대한 방식 등이 국내 기업과 차이가 많다.

다음은 외국인 회사 경력이 있는 직장인의 다양한 성공과 실패 사례이다.

A씨는 대형 외국인 회사에 신입사원으로 입사하여 거의 25년을 요직에서 근무하고 한국 지사장 자리에 올랐다. 해외 근무 한번 없이 매니저로 승진한 이후부터 인정받기 시작하여 승승장구한 결과인데, 역시 좋은 성과와 영어 능력, 냉철함이 그 성공 요인이라고 할 수 있다. 대형 외국인 회사로서 거의 국내 대기업과 흡사한 고용 안정 속에 보수적 기업 문화가 특징인 조직에서 원칙대로 성과가 좋은 사람이 성공한다는 사례가 나온 셈이다. 현재는 아시아 지역 본부 임원으로 경력을 쌓아가고 있으며, 다음 경력이 기대되는 CEO이다.

B씨는 대형 외국인 회사에 신입사원으로 입사하여 10년 후 미국 본사로 파견을 나갔고, 근무 5년째에 현지에서 스카우트되어 국내 대기업으로 전직했다. 미국 MBA를 취득한 터라서 외국인 회사에서 더 환영 받고 있었으나 과감하게 전직했고(물론 임원급으로 특별대우를 받고) 그후에 10년 동안 지속적인 승진을 거듭하다가 사장으로 승진하였고, 수년간 성공적으로 재직하고 퇴임하였다. 업무 능력뿐만 아니라 국내 대기업에서의 처세와 성실함, 충성심도 뛰어난 사람으로 고위층의 인정을 받아 새로운 조직에서도 인정받고 잘 적응한 경우이다.

C씨는 대형 외국인 회사에 신입사원으로 입사하고, 7년 후 한국에 진출하는 소규모 외국인 회사로 전직하는 상사를 따라 전직하여 5년 재직하였다. 그 후 헤드헌터를 통해 5번 이상 전직을 하면서 최근에는 2~3년씩 4군데에서 지사장을 역임하였고, 현재 개인 사업 중이다. 소규모 외국인 회사에서는 3년 이상 장수하기 어렵다는 현실을 직시하고, 계속 전직을 통해서 경력을 장기간 성공적으로 쌓은 경우이다. 계속 지사장 면접을 합격해야 하는 위험을 돌파하여 장수한 특별한 사람

인데 영업 목표 달성에 투철하고, 외국인 보스와의 업무에 매우 능숙하며, 조직 관리에 뛰어난 스타일이다. 그러나 거의 비슷한 예를 찾아보기 어려운 경우이다.

D씨는 대형 외국인 회사에 신입사원으로 입사하여 15년 재직 후 전직하였는데, 기대를 가지고 입사했던 벤처기업 두 군데에서 5년간 최선을 다해 도전해 보았지만 결국 좌절을 겪게 되었다. 그 후 국내 모 그룹 계열 대기업에 초임 임원으로 전직하여 10년 이상 재직하고, 고위임원으로 승진하였다. 최근에는 자회사 대표로 자리를 옮겨 새로운 분야에서 도전을 계속하며, 다시 모회사로 복귀하는 것을 기다리고 있다. 자신이 성장해 왔던 본래의 분야에서 직장인으로서 최후의 성과를 보이고 싶은 목표가 있어서다. 가장 보수적인 성향으로 손꼽히는 그룹에서 성실함과 꾸준한 성과, 겸손함, 리더십으로 외부에서 채용된 임원이었지만 인정을 받게 되었다. 완전히 상반된 조직에서 장기간 변화의 스트레스를 참아내며 업무를 성공적으로 수행한 인내심의 승리라고도 할 수 있겠다.

E씨는 국내 대기업(제조업)에서 5년간 근무하고 외국인 회사로 전직하여 제조업 컨설턴트로 15년간 근무하고 임원으로 퇴직하였다. 그 후 외국인 회사의 임원, 지사장을 거쳐 다시 국내 대기업(제조업) 임원으로 전직하였다. 다양한 국내외 기업 문화를 경험하고 쌓인 경험과 기술력을 살려 나이 60세인 지금도 전문적인 기술이 필요한 분야에서 능력을 발휘하고 있다. 경영자의 경력보다는 전문성이 요구되는 분야에서 집중적으로 경력과 실력을 배양하여 인정받는 경우이다. 그 자리에서 몇 년간 더 재직할 것으로 예상되고 있다.

F씨는 국내 대기업에서 3년 근무한 후 입사한 외국인 회사에서 10년, 투자 분야에서 5년간 선진 기법을 배우고 경력을 쌓았다. 경쟁사인 다른 외국인 회사로 이직하여 임원급으로 5년간 재직했으며, 최근에 동종업계 국내 기업 임원으로 전직하여 새로운 도전을 하고 있다. 투자 분야에서 선진 기법을 도입하려는 국내 기업에서 새로운 조직과 시스템을 주도적으로 구축하고 있는데, 그의 가치를 인정하고 더 좋은 조건으로 스카우트한 사례이다.

G씨는 외국인 회사에서 금융 분야 서비스 영업을 담당하며 10년 경력을 쌓은 후 자기 사업을 시작하였다. 이 회사가 시장에서 실력을 인정받고, 해외 유수 제품을 국내에 소개하면서 꾸준한 실적을 올리고 있던 즈음, 국내 대형 금융회사에서 임원 자리를 제안하여 다시 직장생활을 하게 되었다. 자신의 회사는 후배에게 매각하고, 10년을 직장인으로서 열심히 일해 현재는 부사장으로 승진하였다. 아마도 자신의 사업을 계속 했을 경우와 비교해도 더 성공한 사례라고 할 수 있다.

분석 주로 외국인 회사에서 교육을 통해 배양된 지식, 업무를 통해 습득한 전문성과 경영 능력, 외국인과 함께 근무하며 익힌 글로벌 감각 등을 새로 입사하는 회사에서 인정하여 스카우트했고, 성공적으로 그 다음 경력도 성장시켜 간 경우이다. B씨부터 G씨까지 경력의 변화는 다양하지만, 공통적으로 외국인 회사에서 습득한 능력이 국내 기업에서 가치 있게 활용되어 본인에게도 좋은 기회가 되고 성장의 초석이 되었다.

그리고 이들이 외국인 회사에 입사할 당시(1980년대 정도)에는 외국인 회사의 근무 여건이 국내 기업보다 워낙 우수하여 우수한 인재들이 많이 몰렸던 시절이라서 그들의 출중한 능력도 성공 요인이 되었을 것이다.

아직도 외국인 회사가 국내 기업보다 앞서가는 분야가 많으므로 이러한 인력 교류는 앞으로도 많을 것이고, 이런 현실을 경력 계획을 수립할 때 고려하면 좋을 것이다.

이제는 그 반대의 사례를 살펴보자.

H씨는 대형 외국인 회사에서 임원으로 근무하다가 연봉이 2배 이상인 신설 외국인 회사 부사장으로 전직했다. 세계적으로 성장하는 분야의 최고 업체였는데, 1년 만에 다시 원대 복귀하고 말았다. 소규모 조직이고 초창기이다 보니 모든 것을 알아서 해야 하고, 매달 실적 보고와 잦은 회의로 스트레스가 너무 많았으며, 국내 시장에서는 아직 도입하기가 어려운 제품이었기 때문이었다. 원래 근무하던 직장이 얼마나 합리적이고 직원을 배려하는 훌륭한 회사였는지 깨닫게 되었고, 그 이후로 원래 직장에서 더욱 성실히 근무하여 현재는 고위 임원으로 한 사업본부를 책임지고 있다.

I씨는 국내 대기업의 인사 담당 차장으로 근무하다가 대형 외국인 업체의 부장으로 전직하여 10년을 재직하였다. 다시 국내 대기업으로 전직했다가 3년 만에 퇴직하고, 현재 개인 사업을 하고 있다. 외국인 회사에서 성실히 근무하였지만, 더 승진하여 임원이 되기 위해서는 영어 능력과 조직 문화에 대한 적성 등이 더 많이 요구되었다. 결국은 스스로 갖추지 못한 배경 때문에 기대보다 빨리 주 경력을 마무리한 경우이다.

J씨는 국내기업에서 5년간 경력을 쌓은 후 외국인 회사로 전직하여 10년간 재직하며 마케팅 분야의 전문성을 배양해 가고 있었다. 그러다

좋은 조건으로 국내 광고 대행사에 스카우트되어 자신이 재직하던 회사를 포함한 주요 외국인 회사 담당 영업을 하게 되었는데, 2년 만에 퇴직하고 말았다. 현재는 소규모 국내 유통회사에서 제2의 도약을 준비하고 있다. 결국 실적으로 자신의 능력을 보여야 하는 영업직에서 기대만큼의 성과를 내지 못하여 퇴직했는데, 이렇게 재직 기간이 짧아지면 경력도 제대로 쌓지 못하고, "더 좋은 조건"이라는 전직의 매력도 아무 의미가 없어진다.

K씨는 국내 대기업의 한 부서에서 근무하다가 소규모 외국인 회사 지사장으로 전직하는 선배를 따라 임원급으로 같이 전직하였다. 부진한 실적 때문에 지사장은 2년만에 해임되었고, 자신은 새로 부임한 외국인 지사장과 코드가 맞지 않아서 결국 3개월 후에 자진 퇴사하였다. 지사장은 다른 외국인 회사에 임원급으로 취직되었는데, 자신은 원래 직장으로 재입사도 안 되고, 다른 직장도 찾지 못하여 현재 1년 이상 백수 상태이다. 소규모 외국인 회사란 거의 이렇다. 특히 미국계 회사에서 종종 드러나는데, 실적에 따른 임원급 이상의 해고는 다반사이니 아무리 현재 가능성이 있어 보여도 언제 어떻게 될지 모른다는 생각으로 전직 자체를 신중하게 고려할 일이다.

(분석) 몇 가지 실패 사례와 어렵게 회복한 사례를 살펴보았다. 궁극적으로 외국인 회사에 대한 환상은 버려야 하며, 확실한 성과와 개인 능력에 따라 성공과 실패가 명백하게 판가름 나는 조직이라고 여겨야 한다. 일반적인 경우 성공의 보상이 더 크다고 볼 수 있으나 국내의 다른 외국인 회사, 또는 국내 기업으로의 전직 기회를 계속 비교해야 하는 부담을 지고 가야 한다. 언제 갑작스런 퇴사를 하게 될지 모르기 때문에.

외국인 회사 지사장과 국내 기업의 사장을 비교해 보자. 한국계 글로벌 기업의 사장이면, 바로 국내에 진출한 외국인 회사 본사의 사장과 동급이 아니겠는가?(본사의 규모가 비슷하다면) 그리고 한국 지사장은 마치 그 한국 기업의 어느 작은 나라 지사장(부장급이나 될까?)과 같은 위치이다. 기왕 Career Goal을 세운다면, 더 높은 위치, 즉 한국계 글로벌 기업 사장이 더 매력적이지 않은가? 물론 한국인으로서 미국 본사의 임원이 되기도 하지만, 그것은 너무 확률이 낮다.

일단 외국인 회사에서 근무하고 있다면 여기서 잘 배우고 경력을 쌓아서 국내 대기업에서 마지막 승부를 거는 것도 직장인으로서 성공하는 좋은 방법 중 하나이다.

사례 07
성과 :
나의 성과는
회사 전체 성과의 일부

오늘도 일찍 퇴근한다. 올해 목표를 이미 달성했으므로 회사 실적은 엉망이지만 상관없다는 생각이다. 다른 직원들을 도와주면 조금이라도 전체 실적에 도움이 될 것은 틀림없지만, 혼자 성과급만 잘 받으면 그만이라는 생각이다.

그런데 이상한 소문이 들리더니 결국 회사가 문을 닫기로 결정되어 약간의 위로금이 지급되고 전 직원이 퇴사 처리된다고 한다. 나는 어디로 가야 하나? 어디론가 같이 가자는 선배, 동료들이 없으니….

A씨는 국내 대학에서 기계공학을 전공하고 화학제품을 생산, 유통하는 글로벌 외국인 회사에 신입사원으로 입사하여 영업 본부 법인 영업부에서 열심히 배우고, 일하며, 좋은 조건의 외국인 회사 직원임을 만끽하며 생활하고 있다. 국내 대기업이나 중소기업에 취직한 동기들과

모임을 하면 항상 자신만 거의 모든 주말을 가족들과 함께 할 수 있고, 해외 출장 기회도 많고, 스스로 결정하고 추진할 수 있는 일의 범위도 넓기 때문에 많은 면에서 더 나은 직장이라고 생각하고 있었다. 한 가지만 빼고는. 국내 기업은 이 부분에 있어서는 별로 집착하지 않는 것 같던데….

매주 월요일 아침 7:30에 시작하는 부서 내 영업회의는 다 좋은데, 왜 매달, 매분기, 매년 실적 마감이 그렇게 중요한지 이해가 되지 않는다. 일주일간 해야 할 일에 대한 지시, 토론 시간과 지난주 실적 검토, 이번 달 실적 예상치 수정 보고 등 상식적인 영업회의인데, 항상 부장님의 분기 마감 강조는 공감할 수가 없다. 이번 달에 계약하기로 되어 있었던 1억 원 매출이 다음 달로, 다음 분기로, 혹은 내년으로 미뤄진들 결국은 경쟁사도 아닌 우리 회사가 가지고 올 텐데 왜 그렇게 집착하는지 모르겠다. 상부에 약속한 수치를 지켜야만 부장님의 체면치레가 되어서인가?

답을 먼저 말하자면, "A씨가 틀렸다."

분석) 회사는 특히 상장 기업은 외국인 회사(본사 기준)든 국내 기업이든 적어도 분기별 실적에 대한 정확한 예측과 실제 결과의 정확성이 상당히 큰 회사 평가지표로 쓰인다. 주식 시장에서 안정적이며 높은 주가를 유지하고, 투자자의 신뢰를 바탕으로, 추가 자금 확보 시에도 다른 회사보다 좀 더 낮은 이율로 차입할 수 있고, 좀 더 유리한 조건으로 주식을 발행할 수 있도록 해 주는 것이다. 경영학 전공자들은 잘 아는 내용일 것이다.

회사란 꾸준히 높은 이익을 내야 한다. 그리고 더 나아가 안정적 주가 유지, 높은 지속 가능성 수치, 기술 개발 능력 등 전체적인 경영 능력을 장기적 관점에서 성장시켜야 한다. 들쭉날쭉한 실적보다는 꾸준히 성장하는 매출과 이익 등의 지표를 보이는 회사가 훨씬 더 높은 주가를 보이는 것은 당연하다. 그래야 대형 연금 등 대형 자금 운용 주체들이 믿고 투자하며, 그 회사 주식을 보유하기를 원하는 것이다. 위험(Risk)이 적기 때문이다.

회사의 전체 실적을 나타내는 숫자는 결국 전세계 모든 영업사원 개인 실적의 합이다. 따라서 모든 영업사원은 정해진 기간별 회사의 실적 관리에 적극 따라야 한다. 엄청난 숫자 관리 제도, 시스템의 정확한 운영은 모든 대기업, 특히 글로벌 기업의 꿈일 것이다. 국내 기업들도 최근에는 상장 대기업을 중심으로 매 분기 실적 예측과 함께 마감된 사업 본부별 실적을 발표하고 있고, 이러한 발표에 따라 주가가 변동하는 뉴스를 계속 볼 수 있다. 가끔 "Earning Surprise(깜짝 실적)"라는 용어도 들린다.

이러한 거시적인 회사 차원의 움직임은 직장인으로서 처음에는 이해가 잘 안되고, 현재 나의 실적 향상과 상관도 없는 일이라고 생각할 수 있는데, 자꾸 이해하도록 노력하고 적응해야 한다. 그래야 나중에 내가 관리자가 되었을 때, 부하 영업사원들에게 설명해 주고 성실히 실적 예측과 마감 보고를 할 수 있도록 이끌어 줄 수 있다. 그리고 부서 전체, 회사 전체를 생각해서 나의 일을 하는 직장인이어야 성숙한 직장인으로서, 미래의 리더로서, 자질과 태도를 스스로 키워갈 수 있다.

내가 승진하고 관리자가 되어서 임원 이상의 직급이 되어서 이런 내용을 이해하게 된다면 너무 늦은 것이다. 아마 그전에 승진도 못할 가능성이 많고, 계속 스스로 스트레스를 못 견디게 되었을 것이다. 당연한 것은 받아들이고, 빨리 적응해야 한다. 회사의 이러한 근본적인 업무는 변하지 않기 때문이다.

A씨는 어떻게 되었을까? 그렇게 내키지는 않지만 좋은 실적을 내면서 잘 적응하고 잘 성장하여, 20년 후에 그 회사 고위임원 직책까지 맡게 되었다. 그리고 이제 A씨도 역시 매주 아침 미팅에서 부장들에게 분기별 실적 예측과 실제 실적과의 차이를 지적하며 큰소리치는 업무를 성실히 수행하는 임원이 되었다.

사례 08
신뢰 :
신뢰 받는 직원,
신뢰 받는 리더

오늘도 대리점 5군데를 방문했지만 별다른 주문 실적 없이 회사로 돌아왔다. 저 성질 나쁜 부장은 또 난리 칠 것이 뻔하다. 자기는 매일 어디를 나돌아 다니는지 알 수도 없지만 아랫 사람들이 외근하면서 다른 데 시간을 쓰지는 않는지 꼬치꼬치 따지고, 들들 볶는다.

결국 이번 달에 오늘 방문했던 두 대리점은 얼마씩 추가 주문을 하기로 했다는 거짓 Sales Forecast Report를 작성해서 영업 실적 폴더에 올리고 퇴근했다. 이렇게 회사생활을 해도 되는 건가?

지방에 위치한 국내 굴지의 식품업체 연구소에 근무하는 김○○ 대리와 박××과장. 한 부서에서 8년째 같이 일하고 있다. 실력과 성실함을 인정받아 중요한 프로젝트 2~3개에 동시에 투입되어 성공적으로 마무리하는 등의 성취감도 누리고 있다. 프로젝트 규모가 크다 보니, 각자 3~4명의 신입급 연구원을 리드하면서 프로젝트의 일부를 책임지고 관리하는 역할도 하게 되었고, 매주 전체 책임자인 프로젝트 매니저와 회의를 통해 진행 상황 보고 및 협의를 하고 있다.

둘에게 프로젝트가 떨어졌다.
그리고 프로그램 마감 6개월 전

> **김 대리** : 한 달 더 연장 요청을 했다.
> **박 과장** : 마감일을 맞출 수 있다고 했다.
>
> 〈결과〉
> **김 대리** : 주말 근무까지 하면서도 원래 목표일보다 20일 정도 늦게 마무리했다.
> **박 과장** : 2개월 정도 빨리 마무리하고 다른 팀원을 도왔다.

여러분이 프로젝트 매니저라면 김 대리와 박 과장 중에서 누구와 일하고 싶은가?
답은 "김 대리"

김 대리는 늦었지만 "10일" 정도 오차가 있었고, 박 과장은 더 빨리 마무리했지만 오차는 "2개월"로 예상에서 많이 어긋났다. 실적을 초과 달성하는 것보다는 오차가 적은 것이 더 중요하다. 시간이 더 필요하다고 해도 프로젝트 매니저가 이에 대비할 수 있는 시간과 절차를 거칠 수 있도록 해 주는 것이 좋다. 또 최선을 다하는 모습을 보이면 큰 문제는 없다. 모든 예측은 완벽할 수 없기 때문이다.

그런데 시간, 규모에서 예측과 너무 차이가 크면 이에 대비를 할 수 없어 프로젝트 전체의 인력 배분과 일정 관리가 엉망이 된다. 2개월이나 조기 마무리한 것이 잘못한 것은 아니지만, 6개월 전이라면 이를 최대한 정확히 예측해서 남는 인력을 다른 팀에 배치하여 전체 프로젝트가 최대한 빨리 마무리될 수 있게 하는 것이 상식적인 업무 수행이다.

나의 업무를 가장 잘 알고 있는, 내 직속 관리자하고는 특히 이러한 예측과 실제 사이의 차이를 적게 하는 것이 서로의 신뢰를 확보하는 데 중요한 요소이다. 지속적인 의사소통이 유지되는 조직에서는 서로 예측 가능한 범위 내에서의 기대치가 충족되어야 한다. 절대로 지켜야 하는 것은 바로, "No Surprise!"

한 가지 사례를 더 보자.

〈국내 건설자재 유통업체의 대리점 월간 영업회의, 연매출 예측치 보고〉

서부 담당 최✕✕ 대리 : 연간 목표 10억 원 대비 9억 원으로 보고
남부 담당 정○○ 과장 : 연간 목표 10억 원 대비 11억 원으로 보고

〈한 달 후 결과〉
최 대리 9.1억 원, 정 과장 13.2억 원

다시, 당신이 영업부장이라면 어떤 직원과 일하고 싶은가?
답은 "최 대리!"
"No surprise!"를 잊지 말자.

얼마 남지 않은 기간에 연간 목표치의 20% 정도나 되는 실적이 널뛰기한다면, 성과에 상관없이 아무도 같이 일하고 싶지 않을 것이다.

실적을 초과 달성하는 것보다 어떻게 노력해서 잘했는지를 보여주고, 실적이 미달되면 이렇게 노력을 했는데도 잘 안 되었다는 것을 보여주고, 그래서 앞으로는 이렇게 할 테니 이런 것을 도와달라고 직속 관리자에게 보고하라. 이것이 바로 최선의 커뮤니케이션 기법이다. 직급이 올라갈수록 상사를 놀라게 하는 것은 신뢰를 잃는 지름길이다.

회사에서 "상사"는 어떤 자리일까?

내가 속한 부서의 리더로서 회사에서 주어진 업무 목표를 달성하고, 소속 직원을 잘 이끌어서 미래의 리더를 양성해 내는 장기적 책임을 수행하는 자리이다. 그리고 직원들에게는 "회사"를 대신하여 권리와 책임을 지는 역할을 하는 자리이다. 상사가 업무 지시를 하면 이것은 바로 회사가 지시하는 것이다. 직원이 상사에게 인사 관련 요청을 하는 것은 바로 회사에 대해 요청을 하는 것이며, 이러한 관계는 바로 법적으로도 뒷받침되고 있다. 즉 인사 담당 임원이 메일로 입사 지원자에게 입사 지원 합격 통보를 하면, 회사가 통보한 것과 같은 법적 효력이 생긴다.

상사가 리더로서 신뢰를 얻는 방법은 무엇일까?

이러한 방법을 알고 지금부터 노력해서 습관화해야 나중에 실제로 행동으로 보여줄 수 있다. 갑자기 리더가 되고, 교육을 받고, 바로 행동에 옮길 수 있는 것은 의식적인 행동 몇 가지밖에는 안 된다. "아침에 조금 일찍 출근한다." 같은 것들. 지금부터 실행에 옮기자.

우선 여러분이 보기 싫고, 존경심이 안 생기는 상사의 모습을 상상해 보라.

- 기분에 따라 일을 지시하고 야단치고 평가하는 형
- 공평한 평가를 하지 않는 형
- 막말을 하는 등 인격적인 모욕을 주는 형
- 능력 자체가 부족한 형
- 아부하는 정도가 심한 형
- 부하 직원의 공을 자신의 것으로 가로채는 형
- 업무와 상관없는 사적인 일을 시키는 형
- 업무와 관련한 청탁, 접대 등에 윤리적이지 못한 형
- 개인생활이 무절제한 형

이런 상사가 되지 않으면 된다. 이런 상사는 실제 많은 조직에서 존재하며, 정도의 차이가 있을 뿐이다. 구체적인 조직 관리자, 인사 관리자로서의 교육과 훈련은 회사에서 제공할 것이고, 나머지는 경험과 자습을 통해 갖추어 가야 한다. 그 다음은 "인성"과 관련된 신뢰를 받는 관리자 형을 스스로 생각해 보고 만들어야 한다.

상사로서 완벽한 인간을 요구하는 것은 아니지만 기본 소양과 능력이 있는 경우 주로 "예측 가능성"이 높은 상사가 신뢰를 받는데, 이를 위해서는 평소에 업무와 인간관계 등을 통해 장기간 연습을 해야 한다. 회사에 멘토로 삼을 만한 상사가 있으면 그 사람을 본받는 것이 가장 구체적인 목표가 될 것이다.

직장인이 조직에서 승진해 가면서 점점 더 중요한 직책을 맡아 리더로서 역할을 하게 될 때, 그 리더가 맡은 조직의 크기와 중요성이 크면 클수록 잘못했을 때의 해악은 심각하므로, 회사에서도 점점 더 유심히 임원들과 고위 관리자들을 관찰하고, 교육하고, 사기를 관리하는 것이

다. 성공하는 기업들이 훌륭한 리더를 조직 내에서 키워내는 데에 많은 비용과 시간을 투자하고 있는 이유는 그 이상의 가치가 있기 때문이므로 이를 이해하고, 회사 내에서 성공하고자 한다면 반드시 리더로서의 덕목을 장기간 배양해 가야 한다.

원칙 없는 팀장

연초부터 C대리의 한숨이 깊다.

매일매일 팀장에게 10번 정도 불려 다닌다.

온종일 팀장에게 호출당하고,

자리로 돌아와 모니터만 바라보다가 밖으로 나가

줄담배만 피워대는 게 C대리의 하루 일과이다.

C대리는 1년간 팀의 프로젝트와 일정을 정리한 보고서를

작성하는 업무를 맡았다.

수차례의 회의를 거치고 팀원들의 의견을 모아 보고서를 만들었지만,

어떻게 해도 팀장의 성에는 차지 않는 모양이다.

지난해에 보고서 작성을 담당한 P과장이 팀장의 성향을 미리 알려 줬다.

미리 3가지 버전의 보고서를 준비했지만

'수정 및 보완' 지시를 받았다.

팀장은 보고서마다 빨간색 펜으로 수정과 보완이 필요한 부분을 표시할 뿐,

어떻게 수정하고 무엇을 보완해야 하는지 멘트는 없었다.

그저 "좀 더 잘 만들어 봐라"는 추상적인 요구만 더할 뿐이었다.

보고서의 내용이 보완되니

글자체와 레이아웃을 좀 더 산뜻하게 다듬어 보라는 것이다.

C대리는 책상 위에 보고서를 집어 던졌다.

"내용이 중요하지 글자체가 뭐 그리 중요해. 유치원 학예회하냐고."
C대리는 책상에 머리를 박고 속삭이는 목소리로 투덜거렸다.
수천 번의 한숨으로 완성된 C대리의 최종 보고서는
맨 처음 제출한 보고서와 거의 동일했다.
돌고 돌아 처음에 만든 보고서가 채택된 것이다.
최종 결재가 났으니 속이 시원할 법도 한데 C대리는 분노를 터뜨렸다.
"이럴 거면 그 고생을 왜 한 건지 모르겠다.
처음에 그냥 OK 했으면, 그 동안 다른 일을 할 수 있었는데…"

팀장은 애초에 원칙이 없었다.
처음부터 OK를 하면 자신의 자존심에 금이 갈 것 같아서
C대리에게 이런저런 주문을 한 것이다.
관리자의 무원칙과 결정 장애(障碍)는
직원의 생산성을 갉아먹고 조직의 효율성을 저해하기 마련인데,
팀장은 그걸 아는지 모르는지….

출처 조선닷컴(2014. 1. 12) 기사 인용

사례 09
회사의 겉모습 :
화려함의 허상

요즈음 입사 지원서를 쓰면서 어떤 회사를 지원해야 하나 고민이다. 부모님은 무조건 안정되고 큰 회사나 작아도 열심히 하는 성실한 회사가 좋다 하시고, 친구들은 잘 알려진 브랜드를 보유한 소비재 회사가 재미있을 거라 하고, 나는 솔직히 연봉이 높고, 해외 출장 기회도 많은, 조금 화려한 회사가 좋을 것 같다. 부모님은 직장생활 10년만 해 보면, 무엇이 더 중요한지 알게 될 거라고 하시는데, 마음에 와 닿지 않는다. 어려운 일이 생기면 내가 헤쳐나갈 자신도 있다. 우선 조건이 좋은 회사가 무조건 유리한 거 같은데. 과연 그럴까? 아니면, 부모님 말씀이 맞는 것일까?

김○○ 씨는 대학을 졸업하면서 지원했던 회사들 중에 두 군데 회사에 합격하였다. 물론 20여년 전이기는 하지만 지금도 그때의 선택이 가끔 후회스럽다. 그 당시 자신의 판단력 수준으로는 당연한 것이었고, 다른 사람들도 그렇게 선택했을 것이라고 생각하고 있으며, 그래도 지금까지 잘 살아오지 않았느냐고 자위하기도 한다.

당시 김○○ 씨는 두 회사를 비교하며 고민하다가 외국인 회사인 ABC Korea를 선택하고 당당히 입사하였다. 연봉, 복리후생, 영업 활동 지원, 자기개발비 지원, 사무실 위치, 해외 교육, 인센티브 등 모든 면에서 "최고산업"보다 떨어지는 것이 없었으니 당연한 결정이었다. 스스로 영어 실력도 키우고 유명 글로벌 회사에서 성장할 자신도 있었다. 외국인 회사라는 이미지, 사무실 위치와 이국적인 분위기의 인테리어 등 외부적인 요소의 차이를 무시할 수 없었고, 회사 직원 간의 자율적인 분위기도 결정에 큰 영향을 미쳤다. 그런데 같은 과 친구인 이XX 씨는 ABC Korea에는 낙방하고, 최고 산업에 입사하여 같이 사회생활을 시작하였다. 다음 표로 두 사람의 선택을 비교해 보자.

ABC Korea, Inc.　　　김○○ 씨	최고산업　　　이XX 씨
- 소비재 분야의 유명 글로벌 회사의 한국 지사. 직원 수 150명. 연 매출 약 500억 원. 해당 분야 국내 시장 점유율 1위	- 국내 소비재 분야 생산/유통업체. 직원 수 1,500명(생산직 1,300명 포함). 연 매출 약 400억 원
- 서울 강남구 삼성동 고층 빌딩 내 2개층 사용 중. 고객교육센터 운영	- 해당 분야 국내 시장 점유율 2위. 국내 3위 대형 건설회사의 자회사
- 주 5일 근무. 야간 대학원 학비 일부 지원. 초중고 자녀 학자금 지원	- 경기도 안양시 공단 내 공장과 사무실 사용 중
- 업무상 개인 차량 사용 시 충분한 정액 지원금과 실사용 유류대 지원. 주차 공간 지원	- 주 6일 근무(당시는 당연). 초중고 자녀 학자금 지원. 주택 조합 지원
- 국내 대리점 영업 담당 직책 신입사원으로 입사함. 입사 동기 12명	- 업무상 개인 차량 사용 불허. 업무상 필요 시 회사 공용 차량 배차 받아 사용함
	- 국내 대리점 및 대형 슈퍼마켓 영업담당

– 입사 후 2개월 간 싱가포르 아태 지역 본사에서 실무 교육 – 일년에 한 번은 해외 실무 교육 참가. 실적 우수사원 대상 해외 포상여행 지원 – 연봉 4,500만원(현재 기준). 매년 성과에 따른 추가 인센티브 약 10~20% 추가 예상	직책 신입사원으로 입사함. 입사 동기 30명 – 신입사원 교육 2주간 안양공장 내 사내 교육실에서 실시 – 연봉 3,000만원. 인센티브는 없음. 매년 실적 우수사원 5명 보너스 100만 원 예상

20년 후, 어떻게 되었을까?

두 사람 모두 열심히 일했고, 큰 굴곡 없이 성장하여 초임 임원이 되었다.

ABC Korea, Inc. 김○○ 씨	최고산업 이××씨
– 현재 약 30명의 국내 대리점 영업부의 담당 이사 – 착실히 저축하고, 아파트를 여러 번 이사하면서 현재는 서울에 작은 아파트를 소유하고 네 가족이 살고 있다. – 외국인 회사에서 오래 근무한 덕에 영어도 유창하고 해외 출장도 많이 다녀보았고, 3년간 싱가포르 아태 지역 본사에서 근무하기도 했다. – 새해 조직 변경 시 상무 승진을 기대하고 있는 상황 – 회사는 그 사이에 직원 수 800명에 연매출 3,000억 원 수준으로 성장 – 사무실은 역시 강남 고층 빌딩에 위치하고 있다.	– 현재 약 100명 규모 국내 온라인 영업/서비스 본부의 담당 이사 – 회사에서 추진한 주택 조합 덕분에 아파트 장만에 성공. 이후 회사의 모기업에서 분양하는 고급 빌라를 분양 받아 현재는 네 가족이 서초구 빌라촌에 살고 있다. – 강남 고층 빌딩에 위치한 회사 본사 사무실과는 차로 15분 거리. 아침에 회사에서 운영하는 스포츠센터에서 한 시간 정도 운동하고 출근 – 이사로 진급한 후로는 차량이 지급되어 개인용으로도 사용 – 지난 5년간 해외 파견 근무 당시에 영어 실력도 많이 향상. 가족들도 해외 생활을 재미있게 보냈다. – 회사는 직원 수 3,500명에 연 매출 1조 원을 넘는 상장 기업으로 성장. 인수합

병을 통해 온라인 쇼핑몰, 주방기기 사업 등 사업 분야도 많이 확대
- 내년에는 유럽과 중국 지사를 설립할 예정
- 상무 승진이 유력한 상황

➔ 김○○ 씨

급여 수준과 복지 제도도 국내 대기업과 이제는 비슷해져서 더 좋다는 생각은 하지 않지만, 임원들을 위한 보이지 않는 혜택은 상대적으로 적은 것 같다. 한국 지사장은 계속 외국인이 맡고 있고, 해외 본사에 한국인이 진출하는 것도 거의 가능성이 없다. 한국 회사들보다는 아무래도 더 빠른 시기에 은퇴를 해야 할 것으로 예상되어 불과 몇 년 후 자신의 상황에 대해 점점 걱정이 커지고 있다.

➔ 이×× 씨

회사 대주주인 회장님의 신뢰가 커서 주위에서 미래의 사장 감으로 인정하는 분위기이며, 장기간 더 고위 경영자로서 재직할 것으로 예상된다. 젊어서 조금 좋지 않은 조건에서 시작하고 고생했지만 그 보상이 이제야 돌아온다고 느끼고 있다.

(분석) 필자가 그려 본 과거 80년대 후반 입사자의 성공한 모습이다. 물론 아주 흡사한 모델을 참고하였다. 누가 더 성공한 것일까? 지금의 모습만 가지고 비교할 것은 아니며, 어떻게 살아왔는지, 현재는 어떠한지, 앞으로는 어떨지 등 종합적으로 비교해 보아야 한다.

이 정도면 두 사람 모두 직장인으로서 성공했다고 생각한다. 단, 서두에 이야기했듯이 김 이사는 과거에 최고산업을 선택했다면 지금 이 이사의 생활과 비교

하여 자신이 더 나은 상황이 되었을 것이라는 아쉬움이 있는 것 같다. 그러나 이미 지나간 일이다. 젊었을 때는 ABC Korea가 훨씬 더 좋은 환경이고, 연봉도 높고, 해외 출장도 많이 가는 등 혜택이 많았으니 손해 본 것이 없다. 근무 환경이 좋지 않은 국내 기업에서 고생했다면 지금 더 많은 것을 누리는 것이 공평하지 않은가? 그리고 앞으로 어떤 미래가 기다리고 있을지 아무도 모른다.

당시 김 이사가 결정을 하는데 좋은 사무실, 가까운 사무실 위치, 외국인 회사라는 이미지, 자율적인 업무 환경 등 "화려함"이 많은 영향을 미쳤다. 임원이 되고, 중년의 나이가 된 지금은 그런 요소들은 별로 중요한 것이 아님을 진정으로 이해하게 되었을 것이다. 이제는 장기적 고용 안정성, 조직에서의 권력, 향후 성장 가능성 등이 가장 중요한 요소가 될 테니까.

"화려함"에 현혹되지 말아야 한다. 특히 소비재 등 유명 브랜드를 보유한 회사를 선택할 때 유의해야 하는데, 현재 가장 유명하고, 잘 나가는 브랜드로 승승장구하는 회사라고 나의 성장과 미래의 성공을 보장하지는 않는다. 회사의 제도와 시스템까지 가장 좋다고 할 수도 없다.

"선택"만으로 성공을 확보할 수는 없다. 그리고 모든 단계에서 항상 최고로만 살아갈 수도 없다. 굴곡이 있고 변화가 있으며, 이에 대한 스스로의 관점만 바뀌어 가는 것이 아닐까. 성공은 스스로 정한 목표에 따라 가늠하자. 주위 사람들과 너무 상세히 수시로 비교하는 것은 어리석은 짓이다. 후회도 금물이다.

사례 10
학벌 :
학벌의 함정에
빠지지 말 것

 좋은 대학을 나오고 성적이 더 우수하면 직장생활에서 성공할 확률이 높을까? 똑같이 노력하고, 인내하고, 업무와 조직에 성실한 태도를 유지한다면 조금 더 확률이 높을 것이다. 조금이라도 일 처리를 잘할 가능성이 높을 테니까. 그런데 현실도 그럴까? 현실에서 똑같은 조건은 없기 때문에 이런 예측이 거의 의미가 없다.

필자는 어렸을 때 토끼와 거북이 우화를 읽으면서 공감하기가 어려웠다. 토끼는 결승점을 통과한 다음에 낮잠을 자야지 왜 중간에 낮잠을 잔 것일까? 어린 마음에도, 억지로 만들어낸 이야기 같아서 열심히 노력하는 것이 더 중요하다는 메시지를 순순히 받아들이기에 석연치 않았던 것이다.

세월이 지나 나이가 드니 직장에서도 비슷한 사례를 많이 보았다. 이제는 토끼와 거북이 우화의 지은이 이솝이 존경스럽다.

대기업 PP전자의 입사 시험에 합격하여, 기획실에 배치된 입사 동기 세 명을 살펴보자.

국내 MBA에 이어 2주간의 신입사원 연수를 마쳤다. 실장부터 반 이상의 선배들이 같은 대학 출신이었고, 모두 성공이 보장된 듯 열심히 일했다.

차장까지는 입사 동기 중에서 가장 빨리 승진하고, 사내 주요 부서를 경험하면서 전형적인 성공 가도를 달렸다. 그러나 부장 승진에서 입사 동기 김ＸＸ씨에게 추월당했고, 그 다음해 부장으로 승진했으나, 5년이 지나도 결국 임원이 되지 못해 40대 후반에 퇴직, 개인 사업을 하고 있다.

입사 2년 후에 영업부를 자원하여 저돌적이고 성실한 영업맨으로서 고객의 높은 신임을 얻고 매출 실적을 올려 승승장구. 입사 동기 중 가장 빨리 부장으로 승진. 다시 3년 후 영업이사로 승진하여 현재 PP전자에서 성공적인 회사생활을 하고 있다.

계속 기획실에서 성실히 근무하였으나, 한○○씨보다 2년 늦게 부장으로 승진했다가 곧 업계의 중소기업으로 이직. 현재 그 회사 이사로 재직하고 있다.

➔ **한○○ 씨** 학력 등 스펙이 가장 우수하고 초반에 가장 잘 나갔으나 후반에 그 페이스가 떨어지면서 경쟁의 장에서 스스로 물러났다. PP전

자에서 실패했다고 생각하고 있다. 그러나 현재의 작은 사업에서 잘 해 가고 있다고 스스로 위안을 삼고 있다.

"솔직히 처음에는 입사 동기 등 동료들이 나와 비교가 되지 않았다. 스펙과 사내 인맥 등 자신감 있게 회사생활을 했는데, 차장 때 업무 성과가 좋지 않아서 부장 승진이 늦어지니 의욕이 떨어지고, 다른 길을 찾아야겠다 싶더라. 나보다 능력이나 배경이 못하다고 생각한 동료들과 경쟁한다는 것이 자존심 상했고, 실은 그 경쟁에서 질까 봐 두렵기도 했다. 지금은 작은 회사지만 내가 자유롭게 운영하고 있고, 만족스럽다."

➜ **김ＸＸ 씨** 스스로 잘할 수 있는 업무를 찾아 전력투구해서 결국 승승장구. 다른 사람보다 가진 것이 적고, 자랑할 것은 체력밖에 없다고 판단했기 때문에 몸으로 부딪치고, 남이 싫어하는 일까지 적극 도맡아 실적으로 승부. 스스로도 현재의 위치를 자랑스럽게 생각하고 회사의 대우에 매우 만족하며 충성하고 있다.

"입사하고 보니 내세울 것도 없고, 일류 대학 나온 직원들도 많아서 내가 잘할 수 있는 일을 찾고 그들이 피하는 일로 승부를 봐야겠다 결심했다. 정말로 체력과 정신력을 최대한 쏟아 부으면서 일했고, 지금의 성공은 그 대가라고 생각하며, 인정해 준 회사에 감사하다. 이제 내가 일류 대학 출신보다 더 우수한 사람이라는 자부심도 생겼다. 앞으로 계속 회사에 최대한 기여하며 CEO가 될 때까지 열심히 달릴 것이다."

➜ **박△△ 씨**

스스로 자신을 "보통 직원"으로 자리매김해 버리고 그에 맞춰 일했고, 그럭저럭 무난한 결과를 거뒀다. 자신을 제대로 인정해 주지 않는 조직을 언젠가는 떠나겠다는 생각을 하고, 일찍이 PP전자에서의 승부를 피해 직장생활이 수월한 곳으로 이직하였다. 그럭저럭 만족스런 직장생활을 하고 있다.

"나보다 우수한 직원들이 많고 특별히 잘하는 것도 없어서, PP전자에서는 성공하기 어렵겠다는 생각을 하였다. 그래서 남들보다 먼저 새로운 길을 찾았고 현재 직장에 만족하고 있다. 경쟁도 덜하고 업무 강도도 약한 편이며, 단순해서 마음이 편하다. 연봉을 많이 받고 대우가 좋은 만큼 경쟁이 심하고, 업무량도 많은 회사에서 스트레스를 받으며 재직해야만 제대로 직장생활을 한다고 생각하지 않는다. 내가 선택한 길도 하나의 성공적인 선택이 아닌가? 나에게 적합한 수준의, 내가 만족한다고 여길 수 있는 곳이 행복한 직장이라고 생각하기 때문이다."

당신은 누구에게 마음이 끌리는가? 대부분 김XX 이사일 것이다.

학벌이 우수한 사람은 자신이 남들보다 머리가 좋다고 생각한다. MBA, 석사 등 고학력이 아니라 일류 대학을 나온 사람들 말이다. 한 번도 학교 시험이나 입사 시험에서 실패를 모르고 우수 학생이라는 칭찬만 받고 자란 사람들이다. 그런데 실제 직장에서 장기 레이스를 하다 보면, 머리가 좋은 이들이 성공할 확률은 의외로 높지 않다. 직장생활은 다양한 요소, 즉 체력, 정신력, 유머, 인내심, 충성심, 운 등이 모여 성과를 내는 '종합 경기'이기 때문이다. 또 한 가지, 학벌이 좋은 이들은 자신이 모자라는 점을 극복하기 위한 악착같이 노력하지 않는 경우가 많기 때문이다.

분석) **한○○ 씨**
부장 승진이 조금 늦어졌다. 그러면, 더 열심히 일하는 계기로 삼고, 성실히 일하면 된다. 수십 년 직장생활에서 굴곡이 없을 수 있을까? 어려운 상황이 닥쳤는데도 의연하게, 더 열심히 일한다면 더 좋은 평가를 받을 수 있을 텐데, 한○○ 씨는 결국 포기해 버렸다. 인생의 실패는 아니지만 PP전자의 경력에서는 성공하지 못했다. 본인이 예상한 목표를 이루지 못한 것이고, Career Peak를 경험하지 못하고 한창 때인 40대에 회사를 떠났기 때문이다. 그러나 어떤 계기로든 남보다 먼저 개인사업이라는 새로운 인생을 시작하였고, 이는 전화위복이 될 수도 있다.

김××씨

누가 봐도 성공한 사람이며, 앞으로 어떤 일을 해도 성공하겠다는 신뢰를 준다. 아마도 스스로 노력하는 것밖에 방법이 없다고 판단했을 것이고, 이를 행동으로 보여주어 자신의 목표를 이뤘다. 이러한 전략과 행동은 학벌 좋은 사람들에게서는 잘 보이지 않고, 그래서 학벌 좋은 이들의 성공 확률은 생각보다 그리 높지 않다.

박△△씨

전략은 명백한 "2등 전략"이다. 일등을 하려고 하면 정말 힘들고 피곤하며 운도 따라야 하고 주위의 기대치도 높다. 이를 이겨내면서 일등을 계속 할 자신이 없으면, 2등 전략도 좋다. 마음도 편하고, 노력도 적당히 하면 되고, 경쟁자들도 별로 없다. 물론 3등(꼴등)으로 밀리면 회사를 일찍 떠나야 하니 2등은 유지할 정도로 노력해야 한다. 한 가지 주의할 점. 투지도 없어 보이고, 주위에 별로 의지할 것도 없고, 리더로서의 역할도 불안하다. 그저 "Easy Going" 하는 사람으로 보인다. 직장생활뿐만 아니라 사생활에서도 그렇게 되기 십상이다. 어느 정도는 "헝그리 정신"을 유지하며 일할 때는 일해야 주위 사람들에게 도움도 받고 인정받을 수 있다. 그의 선택은 적절했다. 언젠가 타의로 회사를 떠났을 테니까.

결국, 거북이 김××씨가 "PP전자 달리기 대회"에서는 토끼 한○○ 씨를 이겼다. 박△△씨는 중간에 경로를 바꿔버렸고.

"토끼와 거북이"가 동화 속 이야기만은 아님을 이제는 알 것 같다.

사례 11
경솔한 행동과 말 :
상사는 20년 동안
잊지 않는다

살면서 말실수를 하지 않을 수는 없을 것이다. 그러나 정도의 차이가 있지만, 여러 사람들이 오랫 동안 같이 일하는 회사 조직에서는 금물이다. 왜냐 하면 갈수록 더 신중하고 상황에 맞는 행동과 말하는 수준이 요구되기 때문이다. 아무렇게나 행동하고 말하는 임원을 보았는가? 한번 내뱉은 말을 다시 주워 담을 수 있나? 남의 말과 행동에 받은 상처가 쉽게 잊혀지던가?

정 과장은 갑자기 영업부장의 호출을 받고, 본부장과 같이 고객사 프레젠테이션에 동행하게 되었다. 앞으로 자신이 맡게 될지도 모르는 대형 고객사의 임원 등 주요 간부들에게 인사도 시키고, 분위기도 익히라는 본부장의 배려였다. 갑자기 일어난 일이기는 했지만, 우리 회사에서는 종종 핵심 인재를 발탁할 때 이런 깜짝 프로그램을 통해서 대상 직원에게 놀라움과 함께 회사의 메시지를 전달하는 전통이 있다. 영업부장이 프레젠테이션을 직접 진행하였으므로 내년도 우리 회사의 새로운 서비스 제안 내용도 알게 되었고, 고객사의 반응, 전체적인 영업 진행 분위기도 감지할 수 있었다. 긴장 속에 한 차를 타고 회사로 복귀하던 중 본부장이 조금 이르지만 가까운 곳에서 간단히 저녁을 하고 가자고 초대하였다.

그런데 문제는 이제부터였던 것이다. 갑자기 본부장(상무급)과 같이 오후 내내 동행하고, 부장도 같이 하며 자신감이 한층 부풀어 있던 차에, 오늘 프레젠테이션에 대한 피드백뿐만 아니라 회사에서의 어려움은 없는지, 앞으로의 영업 확대를 위한 아이디어는 없는지 질문이 나오자 정과장이 그만 도를 넘어버린 것이다.

현재 영업조직의 비효율성, 경비 사용 절차에 대한 불편함, 영업사원들의 담당 고객 분배 및 목표 관리의 비효율 등 대리, 과장급 수준에서의 불만 사항을 마치 회사의 근본적인 문제점인 양 쏟아내고 말았다. 잠시 이성을 잃고, 막역한 사이에서나 할 이야기를 늘어놓은 것이다. 본부장의 얼굴은 굳어졌고, 영업부장도 말이 없었다. 그저 고개만 끄덕끄덕할 뿐 구체적인 대화를 피하더니 식사만 마치고 회사로 돌아와 버렸다.

회사로 돌아와 자기자리에 앉아 곰곰이 생각해 보니 어색한 분위기의 이유를 좀 알 것 같았다. 그리고 운 좋게 큰 시험을 치를 기회를 잡았는데, 그만 낙제점을 받았다는 사실도 깨달았다.

파전에 막걸리를 놓고 허름한 식당에 같이 앉아 있다고 막역한 친구 같은 사이가 되는 것은 아니다. 언제나 상사는 상사이며, 임원은 임원이고, 사장은 사장이다.

당신이 다른 직원과 같은 무리에 평범하게 속해 있다가 갑자기 드러나는 순간, 당신은 무대 위에 오르는 것이다. 아래, 위, 주위 모든 눈이 당신을 쳐다보고 주시하고 있다. 회사 사무실에서 업무 수행 중에도, 회식이나 동호회 활동 중에도 꾸준히 그 눈은 당신을 보고, 평가하며, 그 내용을 필요한 사람에게 전달하고 있다. 자연스럽고, 여유 있고, 자신감 있는 당신의 모습이 가장 이상적인 것이겠으나 긴장을 풀고 방심하는 한 순간의 실수가 신뢰를 잃게 할 수 있다.

경솔함 때문에 신뢰를 잃은 것은 어떻게 회복할 수 있을까? 엄청난 노력과 시간이 더 필요할 것이므로, 이러한 실수를 하지 말아야 한다. 회복하지 못할 수도 있다.

필자도 부장으로 재직하던 시절, 대학생 인턴들을 받아 한 달 동안 함께 일했다. 마지막 일정을 마무리하고, 전체 인원 20명과 몇 명의 부장급 관리자와 인사 담당 상무가 같이 저녁식사를 하게 되었다. 각자 마무리 소감 발표를 하는데, 한 명이 좀 시니컬한 태도로 이런저런 예를 나열하면서 "이 회사가 마음에 안 드는 것이 많은데, 나중에 기회가 되면 입사해서 다 고쳐 좋은 회사를 만들고 싶다."고 했다. 그리고 입사시험을 통과해서 실제로 입사를 하였다. 그 직원을 볼 때마다 그때의 철없는 자신감이 계속 떠올라 별로 신뢰가 가지 않았다. 그 인턴들 중에 차분히 겸손하게 발표하고, 또 같이 입사하여 잘 재직하고 있는 다른 직원들과 비교도 되었고. 그런데 아이러니컬하게도 이 직원은 상무까지 잘 재직하고 최근에 퇴직하였다고 한다. 정말 회사의 문제점을 모두 개선하고 퇴직하였는지 모르겠다. 내 부서에서는 근무하지 않았지만, 그때 참석했던 관리자 모두를 당황하게 만들었던 경솔한 말들이 내 머릿속에 20년 동안 남아 있다.

정 과장의 경우처럼, 무대 위에 오르는 때가 명백한 경우도 있지만, 언제 시험대에 올라 있는지 잘 모르는 경우도 있기 때문에 항상 무대 위에 올라가 있다고 생각하고 회사생활을 해야 한다. 승진을 해 갈수록 회사가 마치 무대와 같다는 것을 실감하게 될 것이다. 일과 관련된 회사 내외의 사람과 같이 있을 때면 당신은 아직 무대 위에서 내려온 것이 아니다.

집에 가서 침대에 눕기 전까지는 항상 적당히 긴장한 상태로, 당신이 충성심이 투철하며, 매사에 의욕적이고, 자신감이 충만하고, 리더십을 갖춘 사람이라는 것을 일관되게 보여줄 수 있는 태도를 지녀야 한다.

사례 12
포상 :
너무 욕심내도,
너무 무심해도 곤란한

 어렸을 때, 공책 한 권, 연필 한 자루의 상이라도 받으면 그렇게 기분 좋을 수가 없었다. 집에 가져와 어른들에게 받은 칭찬 또한 기분 좋은 덤이었다. 어른이 되어서도 마찬가지 아닌가? 조금 쑥스러워서 드러내지만 않을 뿐…. 그런데 정말 이런 욕심이 없는 사람도 있을까? 그런 태도가 직장생활에서는 바람직할까? 그리고 이러한 1회성 포상이 장기적인 성공과 얼마나 관련이 있을까?

사례 1 국내 사업본부의 이번 분기 영업실적 레이스에서도 영업 1부 김 과장이 일등을 하여 특별보너스 100만 원을 받았다. 마지막까지 영업 3부 이 과장과 경합했는데, 결국 마감일에 추가 주문을 받아온 김 과장의 승리. 물론 그 다음날 기분 좋은 영업 1부 회식이 있었고, 김 과장은 2차를 쏘았다. 두 분기 연달아 1등을 해서 벌써

200만 원의 특별 보너스를 챙긴 김 과장은 다음 분기에도 1등을 노리고 있다. 그런데 이 과장은 아무 관심도 없는 듯 무덤덤하다. 이를 보는 영업 3부 부장은 속으로 생각 중이다. '영업사원은 너무 욕심이 없으면 안 되는데, 후배들에게도 좋은 모습은 아니고…' 내년 승진 인사에서는 아무래도 이 과장이 밀릴 것 같다.

사례 2　　이번 인사부 우수사원 포상은 결국 박 대리에게 돌아갔다. 지난번 복리후생 프로그램을 새로 정비하면서 6개월 간 고생을 너무 많이 해서 인사 상무가 배려한 것 같다. 그런데 직원 대부분은 연봉제와 복리후생 제도 개선 작업에서 무리 없이 현업 부서장과 직원들의 수긍을 이끌어 낸 수완이 크게 돋보였던 최 과장이 수상할 것으로 예상하고 있었다. 그냥 열심히만 하면 상을 받을 수 있는 것인가 하는 의구심이 드는 결과였다.

사례 3　　우리 회사는 재미있는 포상 제도가 있다. 직원들 스스로 우수사원을 선정하여 상금을 주는 제도인데, 각 부서 단위로 무기명 투표를 거쳐 매년 한 명씩 시상을 한다. 금액은 크지 않으나 주위의 신망과 인정을 받고, 주위에 도움을 많이 준 직원들이 선정되는 것을 목표로 하고 있다.

그런데 이번에는 구매부 유 대리가 '올해 야근도 많이 하고 고생한 자기가 받아야 하지 않겠냐'고 너무 나대는 바람에 분위기가 좀 이상해졌다. 사실은 지난번 예산 작업 때 주위 사람들을 잘 챙겨주었던 조 과장이 더 가능성이 높다고 생각했는데, 유 대리가 너무 스스로 나서는 바람에 투표권자(?)의 입장이 난감해진 것이다. 혹시 다른 사람이 선정되었다가는 유 대리가 너무 실망할 것 같고.

포상도 여러 가지가 있다. 예에서 보듯이 성과와 연동된 보너스 형식의 포상과 숫자로 평가할 수 없는 업무 성과를 회사(상사)가 평가하여 결정하는 포상이다. 사례 3은 부서 화합 차원에서의 재미를 겸한 포상이라고 할 수 있는데, 필자도 이 제도를 시행하면서 즐겁게 부서를 운영한 경험이 있다.

포상 제도의 기본 조건은 두말 할 것 없이 합리적인 포상 기준과 선정의 공정성이다. 이것이 흔들리면 제도 자체의 신뢰를 잃고, 안 하느니만 못한 결과를 초래한다. 여기서는 이 기본 전제는 확보되었다고 가정하고 포상 대상자의 상황만 살펴보기로 한다.

사례 1 · 분석 　매우 명확해서 이견이 있을 수 없다. 영업의 결과, 즉 숫자 자체가 포상 기준이니 아무도 토를 달 수 없다. 사전에 담당 고객의 범위, 상대적인 목표의 할당 등 합의만 있었다면 말이다. 그런데 이런 경우 포상을 많이 받은 사람이 꼭 승진을 더 빨리 하고, 장기적으로 인정받아 성공하게 될까? 영업 조직에서의 승진은 역시 영업 조직을 리드하는 리더십 등 관리자로서의 소양도 매우 중요하게 평가되므로, 영업 성과만 우수한 영업사원이 성공 확률이 반드시 높다고는 할 수 없다. 김 과장과 이 과장은 실적에서는 실제로 차이가 없다고 볼 수 있는데, 이에 대처하는 자세가 크게 다르고, 당연히 적극적인 김 과장이 승진 우선 대상자가 될 것이다. 포상 자체는 승진과 크게 관련이 없고, 대처하는 자세가 문제라는 것이다. 실적이 좋은 사람이 리더십도 좋다면 최우선 승진 대상이 되는 것은 물론이다.

사례 2 · 분석 　전적으로 회사(상사)가 결정을 하는 것이니 포상 대상인 직원들은 결과에 불만이 있어도 하는 수 없다. 회사의 시각에서 회사에 더 기여했다고 판단되는 직원에게 시상을 하는 것으로 이해해야 한다. 이 경우에도 내가 상을 받고 싶다고 나대는 수가 있겠으나 아주 드물 것이고, 그럴 필요도 없다. 역시 장기적인 성공에 도움이 될 것으로 오해하면 안 된다. 일도 잘 못하면서 포상에 욕심만 많은 한심한 직원으로 찍힐 수도 있다. 결과에 승복하고, 수상자를 진심으로 축하해 주는 모습을 보이자.

사례 3 · 분석 　회사에서의 성공과는 그다지 관계가 없는 부서 단위의 즐거운 화합 프로그램인데, 이것에 욕심내면 주위의 신뢰를 잃게 된다.

억지로 상을 타면 무슨 의미가 있겠는가? 투표자 모두 이 상의 의미를 별로 신경 쓰지 않는다. "재미"를 위하 프로그램은 그 성격을 올바로 이해해야 하며 "즐겨야" 한다. 더 이상 의미를 확대하지 말고.

포상이란 열심히 일한 직원에게 보상을 해주는 것이다. 정당한 노력이 보상 받는 합리적이고 공정한 결과를 보며 진심으로 축하하고 스스로도 앞으로 더 노력하겠다는 다짐을 새로 하는 것, 이러한 선순환을 기대하는 회사의 제도이다. 근본을 이해하고, 너무 나대는 것도, 너무 무심한 것도 좋지 않다. 언제나 극단은 좋지 않다. 그리고 일회성 포상과 장기적 평가도 혼돈하지 말자.

Chapter

KNOWHOW of OFFICE WORKER to SUCCESS

성공 직업인
인터뷰

--- 각 분야에서 오랜 직장생활을 거쳐
성공적으로 Career Peak에 다다르고,
또 성공적으로 회사를 이끌고 있는 CEO들을 만나본다.
현재의 직책이 중요한 것이 아니라 그들의 진솔한 자
신의 이야기, 독자들에게 들려주고 싶은
이야기에 귀 기울여 보자.
남다른 노력과 열정, 인내, 그리고 기회를 포착하는 능력….
그들의 성공 스토리는 지금도 진행형이다.

대기만성형
IT 중견 기업 CEO

글로벌 대기업에서 19년간 재직,
국내 중견기업 임원으로 전직,
CEO까지 승진하며 15년째 장수하는
국내 IT업계의 모범 CEO

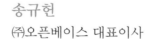

송규헌
㈜오픈베이스 대표이사

1975~1981	서울대학교 동양사학과
1988~1991	서강대학교 경영대학원 MBA
2003~2003	서울대학교 경영대학원 AMP
1981~	고려화재보험
1982~2000	한국IBM System Engineer, 영업부장, 서비스사업실장 등
2000~현재	㈜오픈베이스 대표이사 사장

Q01 어떻게 현재의 직업을 선택하게 되셨는지요? 특별한 계기가 있나요?

친구 따라 강남 간 셈이지요. 졸업하고 다른 회사를 다니고 있었는데 친구가 혼자 시험 보기 심심하다며 같이 보자고 해서 얼떨결에 같이 원서를 낸 곳이 한국 IBM이었습니다. 80년대 초에는 컴퓨터 전공자가 많이 배출되기 전이라서 한국 IBM에서 전공 관련 없이 적성과 영어, 면접으로 채용하던 시절이었고, 운 좋게 한국 IBM 영업부에 입사할 수 있었습니다. 입사 후 1년 동안 다양한 신입사원 교육을 받은 덕분에, 학부에서 역사를 전공했던 저도 IT(Information Technology) 업계에서 지금까지 일하고 있네요.

Q02 직장인으로서 성공 전략은 무엇이었습니까? 어떤 선택과 노력이 주효했다고 생각하십니까?

무엇이든 새로운 것을 배우는 걸 좋아했고, 상사나 선배들이 지시하기 전에 일을 스스로 챙겨서 하려고 했습니다. 이런 태도가 좋게 보인 듯합니다. 또 언제든 회사에서 새로운 도전이 주어지면 주저 없이 받아들였고, 그 덕분에 다양한 역할을 맡아 많은 지혜와 경험을 얻을 수 있었다고 생각합니다. 실제로 한국 IBM을 다닌 18년 동안 2~3년 단위로 새로운 업무를 맡았고, 마지막 3년 동안은 해마다 새로운 부서를 맡아서 다양한 경험을 했습니다.

Q03 어떤 자세로 일해 오셨는지 구체적으로 설명해 주시겠습니까?

성공을 위해서라기보다도 프로페셔널(Professional)로서의 책임감과 당시 회사 사시 중의 하나였던 "Pursuit of Excellence"에 따라서 주어진 업무에 언제든 최선을 다해 최선의 성과를 내려고 노력했습니다. 그런 태도가 습관이 된 것 같습니다. 꾸준함과 균형을 잃지 않으려고 수시로 점검했고, 급하고 중요한 일이 한꺼번에 닥쳐서 당황하는 일이 없도록 급하진 않지만 중요한 것을 미리미리 해놓으려고 노력했습니다. 그리고 일에만 치우쳐서 가정이나 친구, 신앙생활 등에 큰 낭패를 보지 않고 원만하게 관계를 유지하면서 균형 잡힌 생활을 하려고 노력했습니다.

 Q04 **경력 중에서 중요한 결정의 순간과 어려웠던 점, 극복 사례를 소개해 주셔요.**

경력에서 가장 중요한 순간은 18년 넘게 다니던 40만 명 조직의 글로벌 회사인 IBM(당시 한국 IBM 규모도 약 2,000명)을 떠나서 40명 조직의 코스닥 상장업체인 중견기업 ㈜오픈베이스로 옮긴 것이고, 가장 힘들었던 때라면 2008년 말 세계적인 금융 위기와 함께 닥친 외환 리스크와 산업 전반의 경색에 따라 비상경영을 할 수밖에 없었던 때입니다. 당시에 중국과의 M&A 계약에 따른 대금을 지급할 시점이었는데 달러를 구하지 못해서 애태웠던 일, 사옥으로 쓰려고 분양 받았던 아파트형 공장이 시행사 부도로 입주가 무기 연기된 일, 그 외에도 각종 악재가 한꺼번에 겹쳤었지요. 시간이 지나면서 해결되었지만, 역경을 당했을 때 좌절하거나 포기하지 않고, 집중해서 차근차근 하나씩 풀어나가는 길밖에 없다는 걸 배웠습니다.

Q05 **성공한 직장인의 위치(CEO)에 오르고 나서 좋아진 점은 무엇입니까?**

내 시간을 내가 주도적으로 쓸 수 있는 자유가 좋습니다. 경영자로서의 책임도 크지만 주어진 권한도 크기 때문에 나의 경영 철학대로 회사가 나아갈 방향을 정하고, 내 뜻을 펼칠 수 있게 된 점이라고 생각합니다. 오케스트라의 지휘자처럼 모든 파트의 프로페셔널을 조화롭게 잘 리드해서 의미 있는 부가가치를 만들어 내고, 성장해 감으로써 그 결과로 청년 고용 창출 등 사회에 조금이라도 기여할 수 있다면 어떤 회사에서든 CEO는 정말 보람 있는 일이라고 생각합니다. 책임과 성과에 따른 연봉과 복리후생 등 수준도 올라가고, 대외 활동도 다양해지는 것 또한 큰 장점입니다.

Q06 ㈜오픈베이스와 같은 중소기업에서의 성공 전략이 대기업형 조직과 다른 점이 있다면 어떤 것일까요?

중소기업의 강점은 신속한 의사 결정과 효율적인 조직 운영, 그리고 가족 같은 친밀한 기업 문화 등입니다. 약점은 대기업과 달리 각자가 감당해야 하는 일의 범위와 종류가 많다는 점입니다. 즉 모두가 멀티플 레이어가 되어야 하지요. 대기업보다도 더 많은 교육 훈련과 다양한 경험이 필요합니다. 회사 내에서 한 사람 한 사람의 역할과 영향력이 대기업보다 더 크기 때문에 최고 경영진부터 중간 관리자에 이르기까지 더욱 세심하고 효과적인 조직 관리 역량을 갖추어야 합니다. 이점을 고려하면서 경력을 쌓아가는 노력이 필요하다고 생각합니다.

Q07 현재 회사에서 앞으로의 계획은 무엇인지요?

㈜오픈베이스를 국내에서 뿐 아니라 세계 시장에서 경쟁력 있는 IT 솔루션/서비스 기업으로 발전시켜 조직 구성원들이 맘껏 성장할 수 있는 기회를 제공하고, 더 많은 젊은이들에게 좋은 일자리를 제공하는 것입니다.

Q08 직장인으로서 왜 열심히 일하고, 성공해야 한다고 생각하십니까?

가족들 그리고 친구들과 즐겁게 놀고, 밤에는 두 다리 뻗고 잠

잘 자려고요.

랄프 왈도 에머슨의 '무엇이 성공인가?' 라는 시로 대신하고 싶네요.

무엇이 성공인가?

자주 그리고 많이 웃는 것,

현명한 이에게 존경을 받고 아이들에게 사랑을 받는 것,

정직한 비평가의 찬사를 받고 친구의 배반을 참아내는 것,

아름다움을 식별할 줄 알며 다른 사람에게서 최선의 것을 발견하는 것,

건강한 아이를 낳든 한 뙈기의 정원을 가꾸든 사회 환경을 개선하든

자기가 태어나기 전보다 세상을 조금이라도 살기 좋은 곳으로

만들어 놓고 떠나는 것,

자신이 한때 이곳에 살았음으로 해서

단 한 사람의 인생이라도 행복해지는 것,

이것이 진정한 성공이다.

Q09 성공을 바라는 젊은 직장인들은 어떤 노력을 해야 할까요?

직장에서 바라는 인재는 '신뢰할 수 있는 사람'입니다. 신뢰를 얻으려면 성품과 업무 역량이 겸비되어야 합니다. 자기가 맡은 일에 탁월한 업무 역량을 갖춘 프로페셔널이 되어야 하고, 성숙한 품성, 즉 자존감을 잃지 않으면서 동시에 내부/외부 고객을 섬기는 마음과 상대방을 존중하고 배려하는 마음이 함께 해야 합니다. 성공이란 결국 '어제보다 나은 오늘의 나'가 되는 것이라고 생각합니다. 행복한 직장생활을 하기 위해서는 '일신우일신(日新又日新)'의 노력과 남과 비교하지 않고 균형 잡힌 삶의 태도를 지키는 것이 중요합니다.

Q10 스트레스 해소, 건강 관리 등은 어떻게 하고 계신지요?

아침마다 스트레칭과 맨손체조를 하고 있어요. 많이 힘들 땐 얼른 잠을 잡니다. 잠도 안 올 때는 운전하며 큰소리로 노래를 부르곤 해요.

Q11 인생의 좌우명은 무엇입니까?

글쎄요, 굳이 말하자면 '후회하지 않는 삶을 살자.'입니다.

Q12 요즈음 젊은이들에게 전하고 싶은 말씀을 해 주세요.

요즈음 젊은이들은 장래에 대한 불안감으로 많이 힘들어 하는 것 같습니다. 우리 때와는 비교할 수 없는 무한 경쟁과 변화의 속도 그리고 글로벌 경쟁 체제의 도입 때문이라고 생각하는데요. 안쓰럽기도 하지만 한편으로는 기성세대는 감히 상상도 못해 본 엄청난 가능성과 기회가 여러분 앞에 있음을 꼭 알려 주고 싶습니다. 이미 여러 분야에서 국내 1등이 곧 세계 1등이 되었고 스포츠, 문화, 핸드폰 등 산업 분야뿐만 아니라 세계은행 총재, UN 사무총장 등 전에는 상상도 못했던 기회가 펼쳐지고 있습니다. 또 우리에게는 남북통일이라는 기회가 남아 있습니다. 일시적인 고통과 수많은 걸림돌이 있겠지만 통일이 되면, 휴전선으로 단절된 남한이란 섬에서 통일된 반도 국가로서 당당하게 유라시아 대륙으로 뻗어나갈 수 있는 엄청난 기회가 오는 것이지요. 우리 청년들은 새로운 기회를 맞아서 도약할 수 있도록 더 넓게 보고 도전하는 마음으로 준비할 것을 부탁합니다.

인터뷰 02
최고의 헤드헌터,
성공한 여성 CEO

승무원, 세일즈 매니저를 거쳐
평생의 업을 찾아 꿈을 이루다.

유순신
유앤파트너스 대표이사

성신여자대학교 불어교육학과
MBA, 핀란드 헬싱키 경영대학원

1978	대한항공
1982	Framatome Export Administrator
1989	NCH Korea Sales Manager
1992	유니코써어치 CEO
2003	유앤파트너스 CEO & 대표이사

대통령 직속 정부혁신지방분권위원 회사개혁
자문위원, 안전행정부 자문위원 등 다수의 공직 역임

성신여대, 이화여대, 서울과학종합대학원 겸임교
수 등 겸임 중

〈나는 희망을 스카우트 한다〉, 〈나는 고급두뇌를
사냥하는 여자〉 등 총 6권의 저서 발간

Q01 어떻게 현재의 직업을 선택하게 되셨는지요? 특별한 계기가 있었습니까?

　헤드헌터(커리어 컨설턴트)가 되기 전, 대학 졸업 후 대한항공 승무원으로 사회에 첫 발을 내디뎠습니다. 몇 년 일하다가 결혼한 뒤 그만둘 요량으로 일을 시작했지요. 당시만 해도 여성들에게 대학 공부는 좋은 혼처를 구하기 위한 하나의 관문에 지나지 않았거든요. 그러나 승무원 생활을 하면서 만난 전 세계 많은 사람들은 성별, 나이, 결혼 여부 등에 상관없이 일을 통해 자아를 실현하고 열정적으로 자신의 삶을 설계해 나가고 있었지요. 그때 받았던 신선한 충격은 우물 안 개구리였던 저를 깨어나게 했습니다.

　이후 3년 반 동안 이력서를 여기저기 뿌리고 다녔는데 나이가 많다, 기혼자라는 이유로 안 받아주더군요. 어렵게 들어간 프랑스 원자력 회사에서 기혼자라는 이유로 채용을 취소하려는 인사 담당자와 싸우고 있는데 프랑스인 사장이 나와서 '유부녀여도 괜찮다'고 하여 새 직장을 얻었고, 그것이 승무원 생활 이후 제 커리어의 전환점이 되었습니다. 저는 7년 반을 일했는데, 이 회사는 원자력 발전소가 완공되면 떠나는 회사이기 때문에 없어졌습니다.

　그 후 새로 찾은 직장은 미국 회사였는데, 여기서 세일즈 매니저로 새로운 커리어를 쌓았습니다. 사장님의 인정도 받고 일에 흥미도 있었지만 제가 취급한 품목이 대부분 수입금지 품목으로 묶이는 바람에 어쩔 수 없이 직장을 새로 구해야 했습니다. 다행히 새로운 기회가 기다리고 있었습니다. 그 미국 회사에서 영업 간부를 외부에서 채용할 때 이용했던 인력공급회사가 있었는데, 그 회사가 헤드헌팅 비즈니스를 본격적으로 시작하려고 준비 중이었습니다. 운이 좋게도 평소 친분이 있던 그 회사의 사장님이 저에게 입사 제의를 했고, 헤드헌터로서의 첫

걸음을 시작했습니다.

치열했다면 치열했다고 말할 수 있는 지난 직장생활에서 제가 크게 깨달은 점은 사람, 인재는 기업의 성패를 좌우하는 가장 중요한 요소라는 것입니다. 중요한 인재를 기업의 적재적소에 배치해 개인과 기업 모두 함께 윈윈(win-win)할 수 있도록 돕는 일은 인재들에게 맞는 직업을 소개하고, 사회적 활동과 자아실현을 돕는다는 개인적인 측면에서 더 나아가 국가 경쟁력 제고에 이바지하고, 사회 안정에 기여하는 일이라고 믿기에 과감히 커리어 컨설턴트의 길로 들어섰습니다.

 직장인으로서 성공 전략은 무엇이었습니까? 사업을 시작하고, 바뀐 것은 무엇입니까?

일에 몰두하는 순수한 열정은 어떻게 하면 일을 더 잘할 수 있을지, 어떻게 하면 더 나은 방향으로 이끌어갈 수 있을지 많은 생각과 시도를 하도록 하더군요. 결과적으로 그러한 시도들이 저를 도전하고 변화하도록 만들어 줬던 것 같아요. 커리어 컨설턴트를 처음 시작할 때부터 2003년 제 회사를 차려 운영하고 있는 지금까지 많은 어려움과 고비가 있었지만, 그때마다 더 나은 결과를 얻기 위해 계속 도전하고 있습니다.

저는 1992년부터 커리어 컨설턴트로 일하고 있으니 벌써 20년이 넘었어요. 이렇게 의미 있는 일을 우리나라에서 처음 시작한 1세대 중 하나라는 사실에 큰 자부심도 느끼지만 그만큼 책임감도 느낍니다. 일을 하면 할수록 보람과 성취감은 배로 커지는 것 같아요. 아마 일 자체를 좋아하고, 즐기기 때문일 겁니다.

 성공을 위해 특별히 노력한 점이 있다면 소개해 주시겠습니까? 어떤 자세로 직장생활을 해 오셨는지요?

저는 아주 평범한 집안에서 태어나 아주 평범하게 직장생활을 했던 사람입니다. 자부하는 것이 있다면 제가 하는 일을 굉장히 즐거워하고, 장애물이 나타났을 때 피하거나 숨지 않고 '정면 돌파하겠다'는 정신으로 살아왔다는 것입니다. 또 무슨 일이든 쉽게 포기하지 않는 편인데 그것이 일을 해나가는 데 많은 도움이 되었습니다.

위기에 부딪쳤을 때 그대로 안주하였다면 지금의 저는 없었을 것입니다. 물론 좌절하기도 했고, 결혼이라는 이유로, 또는 여자라는 이유로 수많은 거절을 당하면서 힘들기도 했지만 그 과정에서 '그래, 누가 이기나 한번 보자.'라는 배짱이 생겼던 것 같습니다.

과정이 고되다고 포기한다면 실행의 문까지 갈 수 없습니다. 준비를 통해 하나씩 이루어갈 때마다 목표에 가까워지는 자신을 보면 얼마나 행복한가요?

 여성으로서 자신의 경력 중에서 가장 어려웠던 일과 극복 사례를 소개해 주셔요

결혼 초 저는 가정생활과 직장생활을 모두 잘해내는 슈퍼우먼이 되고 싶었습니다. 하지만 불가능한 일이었죠. 그래서 제가 할 수 있는 것보다 남이 더 잘할 수 있는 일은 다 맡기며 살기로 결정했습니다. 일하는 아주머니도 부르고, 비용을 지불해서 해결할 수 있는 일은 다 맡겼습니다. 그랬더니 몸과 마음이 모두 편해졌습니다.

저는 많은 여성분들께 완벽주의자, 슈퍼우먼이 되지 말라고 충고합니다. 두 마리 토끼를 잡을 수 없듯이 일도 가사도 완벽하게 하려고 애쓰다보면 결국 하나도 제대로 할 수 없는 것이 현실이지요. 아직까지 우리 사회에서 여성이 커리어를 중단하지 않고 육아를 병행할 수 있는 방법이 많이 부족합니다. 어느 쪽도 포기할 수 없어 일단 병행을 선택했다면, 도움을 청할 수 있는 부분은 과감히 맡겨야 합니다. 회사에서 가정을 생각하고 가정에서 회사 일을 걱정하는 것보다는 내가 할 수 있는 부분과 할 수 없는 부분을 냉정히 판단하고, 아닌 부분에 대한 최선의 방법을 찾아 도움을 청하는 것, 그리고 일단 선택했다면 그 선택을 존중하고 죄책감을 느끼지 않는 것이 저의 방식이라고 말씀드릴 수 있습니다.

Q05 성공한 오너이자 CEO가 되고 나서 좋아진 점은 무엇입니까?

이 일을 하면서 가장 행복한 것은 사람을 많이 만날 수 있다는 것입니다. 그것도 이 일을 하지 않았으면 도저히 만날 수 없었던 그런 사람들이지요. 저는 이 일을 하면서 청와대에 가서 대통령도 만났고 이름만 대면 누구나 알만한 대기업 회장이나 CEO를 자주 만나고 있습니다. 그들과 만나면서 그들이 수십 년간 쌓아온 경영 철학이나 노하우, 사람을 보는 눈 등 업무에 관련된 일뿐만 아니라 그들이 추구하는 것들까지 알게 됩니다. 대기업 회장이나 사장들에게 개인 교습을 받는 것이죠. 돈을 내고 받는 것이 아니라 오히려 그쪽에서 돈을 주니 이보다 더 행복한 직업이 있을까요.

무엇보다 제가 소개한 사람들이 입사 후에 그 기업을 불같이 확 살려내는 경우 가장 큰 보람을 느낍니다. 이런 일들이 제가 더 열심히 일할 수 있는 원동력으로 돌아옵니다. 기업이 잘 되면 우리 경제도 좋아지니 제가 우리 경제에도 일익을 담당했다는 생각이 들어 매우 뿌듯합니다.

Q06 유앤파트너즈의 장기 비전은 무엇입니까?

처음에는 인재 서칭/추천으로 시작하였던 유앤파트너즈가 점점 세분화된 인사 관련 서비스를 제공하게 되었습니다. 회사에서는 인턴을 채용함으로써 젊은이들에게 많은 기회를 주고자 하며, 넘치는 인재 가운데 누가 진짜 인재인가 검증하는 평판 조회까지 전사적인 HR 컨설팅하고 있습니다.

은퇴한 시니어들의 중·장년층 취업을 돕기 위해 '전문경영닥터서비스'라는 사업 모델을 구축했는데요. 폭넓은 실무 경험을 갖춘 최고 수준의 퇴직 인재를 3~12개월 정도의 일정 기간 동안 기업에 연결하는 새로운 개념의 퇴직자 재취업 서비스(Interim Business)입니다. 중소기업은 풍부한 경험과 전문성을 지닌 인재가 아쉬울 때가 많은데, 소요 비용이나 내부 인사 문제 등으로 관련 전문 인재를 선뜻 채용하기는 망설이게 되지요. 이런 경우 준비된 중·장년 인재는 정말이지 딱 맞는 궁합입니다.

중·장년층의 퇴직과 재취업은 성숙한 사회를 만들어 나가기 위해 우리 모두가 책임감을 느끼고 해결해야 할 과제 중 하나이기에, 이 서비스를 통해 우리 회사가 명실 공히 사회적 기업으로 발돋움하는 것이 요즘 저의 목표입니다. 앞으로도 소명 의식을 갖고 사회에 이바지할 수 있는 기업으로 전진할 것입니다.

 직장인이든 사업가이든 왜 열심히 일하고, 성공해야 한다고 생각하십니까?

남들보다 수입이 많고, 또 여기저기서 강의해 달라고 불러주고, 대학이며 정부에서 이런저런 명함도 만들어주니까 업계에서는 최고의 자리에 올랐다고 말할 수 있을지 모르겠습니다. 하지만 저는 제가 성공했다고 생각하지 않습니다. 다만 매일을 열심히 최선을 다해 살았다고 자부할 뿐이죠. 일의 목표를 '성공'에 두고 그것만 좇기보다는 자기 나름대로 열심히 살고, 남들이 가지 않는 길을 자신 있게 먼저 걸어간다면 성공은 자연스레 따라온다고 생각합니다. 매일매일 일할 수 있다는 것이 얼마나 큰 축복인지 깨닫는다면 열심히 일하는 것은 당연할 겁니다.

Q08 성공을 바라는 젊은 직장인들을 위해 어떤 노력을 하라고 조언해 주시겠습니까?

직장생활을 어느 정도 하면, 실무·능력은 더 이상 능력이 아닌 당연한 자질이 됩니다. 그렇기 때문에 급속하고 다양하게 일어나는 변화를 두려워하지 않는, 도전 정신과 적응력이 더욱 중요합니다. 자신의 경력 설계도에서 본격적인 밑그림을 그려보는 것도 중요하고요. 앞으로 5년, 10년 후 어떤 모습으로 커리어를 쌓아갈 것인지 미리 정하고 대비하는 것이지요. 업무뿐만 아니라 다양한 네트워크를 구축해야 합니다.

중간 관리자가 되면 경영자와 아래 직원을 잘 연결시켜 조직이 유연해지도록 돕고, 더 나아가 기업 문화를 적절히 융화시킬 수 있는 역량이 필요합니다. 이러한 커뮤니케이션 능력은 30~40대 직장인에게 꼭 필요한 자질이지요.

본인의 커리어 맵을 차근차근 밟아 나가면서 네트워크를 구축하고, 직장 내에서 연령대를 불문하고 소통하는 것은 매일매일의 직장생활이 쌓여서 가능한 것입니다. 특별할 것 없는 오늘이 모이고 모이면 1년이 되고, 1년이 몇 번 모이면 그것이 바로 경력이 되는 것이라고 생각합니다.

젊은 직장인들에게 해 주고 싶은 말을 'MS-WORD'로 정리해 보았습니다.

MS-WORD 성공 전략

MAP - 경력 로드맵을 그려라.

STORY - 나의 이야기를 만들어라.

WORLD - 세상은 넓고, JOB의 종류는 많다.

OPPORTUNITY – 기회를 꼭 잡아라. 계약직, 임시직 가리지 말고 일단 시작하여라.

RESPONSIBILITY – 기본을 갖추고, 현재 위치에 맞는 책임감을 가져라.

DECISION – 스스로 결단력을 가지고 행동하라.

Q09 **스트레스 해소나 건강 관리 등은 어떻게 하시나요?**

하루 중 새벽 6시에서 7시 사이와 주말은 온전히 제 시간으로 씁니다. 운동도 하고, 집안일도 합니다. 조경에 관심이 많아 꽃과 나무를 가꾸며, 누구에게도 방해 받지 않는 이 시간이 좋습니다. 주말은 무조건 가족과 함께 지냅니다. 저희 부부는 아무리 바빠도 주말이면 근교에 있는 전원주택에 내려가 텃밭도 가꾸고, 책을 읽으며 소박한 요리를 만들어 먹습니다. 휴식은 다시 일할 수 있는 원동력이니까요.

Q10 **인생의 좌우명은 무엇입니까?**

"The best of the best."

저는 언제나 명품주의를 지향해 왔습니다. 동종 업체와 차별화하면서 업계 최고의 자리에 오르기 위해 선택할 수 있는 길은 그것밖에 없다고 생각했습니다.

어느 분야든 최고는 뭔가 다르다는 이야기를 듣습니다. 제가 듣고 싶은 말은 '유순신은, 유앤파트너즈는 뭔가 다르다, 유순신은, 유앤파트너즈는 믿을 수 있다.'입니다. 제가 생각하는 최고 명품의 첫째 조건은 '믿을 수 있다'는 것. 저는 그렇게 되려고 노력했고, 지금 '유순신이라면 확실하다.'라는 말을 들으며 살고 있습니다.

인터뷰 03
남다른 추진력으로
남이 걷지 않은 길을 가다

유통 분야 CIO에서
금융업 CEO로의 화려한 변신

이강태
전 BC Card 대표이사

1971~1975	고려대학교 경제학과(경제학 학사)
1997~2000	고려대학교 대학원 경제학과(경제학 석사)
2002~2002	서울대 최고경영자과정 AMP
2002~2007	명지대학교 대학원(경영학 박사)
1979~1982	LG 유통 기획실
1984~1996	한국 IBM 유통사업부 실장
1996~2001	LG 유통 CIO(Chief Information Officer), 상무
2001~2008	삼성 Tesco 정보&신사업 담당 부사장
2009~2012	하나 SK Card 대표이사
2012~2014	BC Card 대표이사
2014~현재	BC Card 자문역, 한국정보산업연합회 부회장 겸 CIO Forum 회장

Q01 첫 번째 직업을 어떻게 선택하셨는지요? 그리고 유통 분야에서 금융
업으로 경력상 큰 변화가 있었는데요, 그 이야기 좀 해 주셔요.

　제대 후 LG그룹 홍보실에 입사했습니다. LG그룹에서는 낮에 대학원
을 다니도록 해 주겠다고 했고, 홍보기획실에서 하는 일이 외국 경제지
를 번역 요약해서 임원들에게 배포하는 일이라 적성에 맞았어요. 1년
뒤에 LG유통(당시 희성산업)이 그룹 기조실로 통합되면서 상대 출신은 전
부 LG유통 조직으로 가서 회사를 정상화시키라는 지시가 있어 LG유통
의 기획실로 가게 되었습니다. 제가 유통업을 원했던 것은 아니고 회사
의 흐름상 그렇게 된 것이지요.

　유통업은 힘듭니다. 남들이 노는 주말, 명절에 일해야 하고, 현장에
서는 몸을 써야 하는 힘든 일도 많습니다. 유통업에서 회자되는 자조적
인 이야기가 있는데요. 엄마가 애들 데리고 와서 생선 코너에서 일하고
있는 대졸자에게 '공부 안 하면 저 사람처럼 된다고 했다.'는 겁니다.
일이 힘들디보니 중도 포기하는 사람도 많아요. 그래서 기회도 많습니
다. 어려움을 잘 참고 업무를 배워 나가면 성장할 수 있지요. 유통은 인
류 역사가 시작된 이래로 지금까지 변하지 않은 필수 기능입니다. 수요
는 많습니다.

　LG 유통에 근무할 때 영어 공부를 열심히 한 것이 다음 커리어를 찾
을 때 큰 힘이 되었습니다. 3년쯤 지났을 때 회사 추천으로 네덜란드
국가 장학금 시험을 봤는데 합격해서 네덜란드에서 6개월 동안 마케
팅과 물류를 공부할 기회가 있었습니다. 공부보다는 선진국 사람들의
생각과 행동 양식을 배운 것이 더 값진 경험이었습니다. 그 뒤에 한국
IBM에 Retail Industry Specialist로서 경력 입사를 했고, 이번에는
LG 유통을 나의 고객사로서 기술지원을 하게 되었습니다. 한국 IBM에
근무한 지 13년이 되었을 때 고객사인 LG유통에서 초대 CIO 제의가

와서 즐거운 마음으로 옮겼습니다. 내가 제안하던 솔루션(Solution)을 내가 직접 현장에서 실행해 보겠다는 생각에 주저하지 않았지요.

LG유통에서 5년쯤 지났을 때 삼성 Tesco에서 초대 CIO 제의가 왔고, 글로벌 회사에서 한번 일해 보자는 생각으로 다시 옮겼습니다. 일본과 중국의 ERP 프로젝트를 책임지면서 아시아 지역 IT 디렉터로 8년을 일하다가 사직했습니다.

퇴직 후 개인 사업을 시작하고 8개월쯤 지났는데, 헤드헌팅 회사에서 연락이 왔어요. 유통, 금융, IT 세 3분야에서 일해 본 사람을 찾고 있다고요. 유통은 LG유통, 삼성 Tesco, IT는 IBM, 금융은 삼성 Tesco의 신사업 담당 부사장 때 보험, 통신, 콜센터, 전자 상거래를 담당했습니다. 당시 회장님 면접을 보고 하나SK카드 초대 사장에 취임했지요. 그래서 유통업에서 금융업으로 변신하게 되었습니다. 여러 산업 분야를 두루 경험하는 것이 경력상 장기적으로 도움이 된다고 생각합니다.

 Q02 다양한 조직을 경험하셨는데, 특히 청년 시절의 성공 전략은 무엇이었습니까?

남에게 지기 싫어하는 성격이어서 성실히, 열심히 일했다고 생각합니다. 직장생활하는 제 나름의 몇 가지 원칙이 있습니다.

첫째, 사무실에 제일 먼저 출근하자.
둘째, 하루에 해야 할 일은 오전 중에 집중해서 끝낸다.
셋째, 칼 퇴근하자(가능하면).
넷째, 1주일에 3일은 운동한다.
다섯째, 주말에는 꼭 등산한다.

Q03 성공을 위해 특별히 어떤 선택을 했고, 어떤 노력을 했다고 생각하십 니까?

제가 처음 사회에 나왔을 당시에는 유통 분야를 전문적으로 연구하 는 사람이 거의 없었습니다. 다행히 IBM은 저에게 많은 교육의 기회를 제공했고, 덕분에 누구보다도 빠르게 미국, 일본의 사례를 접할 수 있 었어요. 젊은 나이에 강의도 많이 하고, 책도 쓰고, 박사 학위 논문 주 제도 유통업에서의 자동 수발주 시스템이었습니다. 덕분에 유통 분야 에서는 전문가가 되었습니다. 새로운 분야를 찾아서 최대한 노력을 기 울여 국내 최고 전문가가 되고, 나아가 국제적으로 인정받는 전문가가 되는 것이 중요하다고 생각합니다.

Q04 자신의 경력 중에서 결정적인 한 순간이 있었을 텐데요. 그 순간을 말 씀해 주셔요.

LG유통에서 CIO 제의를 받았을 때 좀 망설였습니다. LG유통보다는 IBM의 국제적 명성, 좋은 복지제도, 업무에 만족하고 있었거든요. 당 시 LG유통은 토요일도 근무하고 있었고, IBM은 주 5일 근무였습니다. 월급도 비슷했지요. 하지만 을이 아닌 갑의 위치에서 IT가 정말 경영에 도움이 된다는 것을 입증해 보이고 싶었고, 그래서 전직을 결정했습니 다.

삼성 Tesco로 갈 때에도 굳이 옮기고 싶지 않았습니다. 당시 LG유통 사장님의 전폭적인 지원을 받고 있었고, 일도 재미있었습니다. 처음에 는 고사하다가 삼성 Tesco 회장님이 세 번이나 만나 저를 설득했습니 다. 그래서 Tesco 안산점을 혼자 가보았어요. 매장 레이아웃이나 상품 진열, 직원들의 움직임을 보고, '아! 이 회사 잘되겠다.'고 느꼈습니다. 그래서 또 전직을 결정했습니다.

삼성 Tesco에 있으면서 영국 본사의 IT 디렉터와 사이가 별로 안 좋았습니다. 뭐든 영국에 집중하자는 것이어서 한국 IT 디렉터 입장에서는 받아들이기 어려웠죠. IT 디렉터가 그룹 부회장에게 'KT Lee와 일 못하겠다'고 한 모양이더라고요. 부회장이 영국에 잠깐 왔다 가라고 해서 아침 7시에 현지에서 부회장과 독대를 했어요. 1시간 면담 중 업무에 대해 이것저것 물어보더니 10분 남겨 두고 갑자기 정색을 하면서 'KT 네가 아무리 열심히 일해도 영국 임원과 팀워크가 좋지 않으면 용납할 수 없다.'고 하더군요. 순간 무척 당황했지요. 영국 사람 특유의 냉정한 눈으로 나를 노려보고 있었습니다. '아! 사표 내라고 불렀구나.' 잠시 무거운 침묵이 흐르고 제가 말했습니다. '나는 이제까지 열심히 일하는 사람과 팀워크를 이루지 못한 경우는 없었다. 앞으로도 일 열심히 하지 않은 사람과 팀워크를 이루라면 나는 회사를 관두겠다. 모두 여기에 일하러 모인 것 아닌가?' 부회장이 당황하여 잠시 뜸을 들이더니 본사 임원들과 좀 친하게 지내라고 부탁하더군요. 부회장과 1시간 면담하러 1박 2일 영국 출장 다녀온 것도 유별난 기억이네요.

Q05 CEO가 되고 나서 좋아진 점은 무엇이었습니까?

CEO가 되면 인사권을 가지고 임원, 팀장을 조직할 수 있어요. 자기가 원하는 조직을 꾸미고, 회사의 목표를 달성하기 위하여 전면에서 진두지휘하는 것입니다. CEO가 회사의 모든 분야에서 책임을 져야 하는 만큼 권한도 큽니다. 회사는 CEO의 그릇만큼 성장합니다. CEO가 되며 그 동안 직장생활에서 얻은 경험과 지식을 총동원해 회사 핵심 목표 달성에 전력투구할 수 있습니다. 사람은 분명한 목표를 세우고, 그 목표를 향하여 집중할 때 가장 행복해집니다. 남들이 보면 괴로워하는 것 같아도 본인은 힘든 줄 모르고 몰입합니다. 한번 해볼 만하지 않은가요?

Q06 앞으로의 계획은 무엇인지요?

잘 노는 것이요. 컨설팅도 좀 하고, 신문 기고도 하고, 책도 써 볼 생각입니다. 또 가방 메고 세계 곳곳을 훌훌 돌아다니고 싶습니다.

Q07 직장인이든 사업가든, 왜 열심히 일하고, 성공해야 한다고 생각하십니까?

당연한 것 아닌가요? 열심히 일하지 않으면 성공할 수 없고, 열심히 일하고 성공하는 것이 훨씬 낫죠. 성공의 기준은 모두 다릅니다. 남들이 성공이라고 해도 자기가 만족하지 못하면 성공한 것이라고 할 수 없죠. 우선 성공의 기준을 잘 잡는 것이 중요한데요. 그 기준을 남의 기준으로 잡으면 안 됩니다. 성공을 상대적 개념으로 보면 불행해집니다. 항상 자기의 꿈과 목표를 기준으로 잡고 그 목표를 달성하기 위해 부단히 노력해야 합니다.

우리가 스스로의 힘으로 목표를 추구할 수 있는 기간은 30년 남짓이지요. 이 30년을 어떻게 보냈느냐에 따라 은퇴 후의 30년이 다시 결정됩니다. 마치 우리가 학교에서 공부하던 15년이 사회생활의 30년을 결정하는 것처럼, 사회생활 30년이 우리의 마지막 인생을 결정합니다. 일할 수 있을 때 전력투구해야 하는 이유지요. 사회생활 30년 동안 열심히 일하는 것, 이것이 은퇴를 준비하는 가장 훌륭한 투자입니다.

Q08 성공을 바라는 젊은 직장인은 어떤 노력을 해야 할까요?

요즈음 젊은 사람들은 일을 위해서 생활을 희생하지 않습니다. 우리가 일하는 것도 다 잘 먹고, 잘 살기 위함이라고 한다면 일과 생활의 균형을 잡는 것도 중요하지요. 그런데 그런 균형은 우리가 주말에 열심히 노는 것만큼 일도 열심히 한다는 전제가 있어야 합니다. 마치 주말을 위해 주중이 있는 것처럼 또는 주중은 대충, 주말은 알차게 보내는 젊은이들이 많습니다. 그러면 일과 생활의 균형을 맞추기 어렵습니다.

열심히 일하는 사람이 주말에 화끈하게 놀 자격이 있는 것입니다. 먼저 주중에 하루 12시간 이상 열심히 몰입해서 일하십시오. 남이 알아주든 말든, 위에서 일을 시키든 말든, 일을 찾고 만들어서 최소한 12시간 이상 열정적으로 일해야 합니다. 그리고 나서 일과 생활의 균형을 맞추어야 합니다.

Q09 **중소기업에 비해 대기업에 근무하는 장점은 무엇입니까?**

상대적으로 안정되고, 복리후생이 좋으며, 인사 정책이 체계적이니 예측 가능한 점이요. 중소기업은 사장 의견이 절대적이어서 예측하기 어렵습니다. 또 대기업은 투자 여력이 있기 때문에 교육 훈련, 해외 출장이 비교적 여유가 있어 자기 계발의 기회도 많습니다. 거래처와 만날 때도 대부분 도움을 요청하러 오기 때문에 비교적 쉽게 상대방에게서 정보를 얻고, 인맥 만들기도 수월하지요.

Q10 **스트레스 해소, 건강 관리 등은 어떻게 하시나요?**

직장인은 사무실에 주로 앉아 있기 때문에 주말에 몸을 많이 움직여야 합니다. 프로야구 선수는 주말에 바둑이나 영화 감상 같은 정적인 것을 해야 한다고 들었습니다. 저는 지난 15년 동안 매주 3일 하루 2시간씩 헬스클럽에 갑니다. 주말에는 등산과 골프를 정기적으로 해요. 최근에는 달리기를 시작해서 1주에 2번 하루 10킬로미터씩 뛰고 있습니다. 아무리 지식이 뛰어나고 열정이 넘쳐도 몸이 아프면 소용 없습니다. 먼저 체력이 뒷받침되어야 회사 일도 잘할 수 있으니 운동을 습관화해야 합니다. 습관이 되면 힘들지 않습니다.

Q11 **좌우명을 소개해 주세요.**

좌우명이 자꾸 바뀌는데요. 지금은 상선약수(上善若水)입니다. 이제 은퇴했으니 물 흐르듯 살려고 합니다.

Q12 **젊은 직장인들에게 해 주고 싶은 말씀은?**

자기 계발에 힘쓰세요. 회사 일 열심히 하면 회사도 성장할 것이고, 그것이 곧 나의 성장이 될 것이라는 생각은 버려야 합니다. 보통 30년, 40년을 직장생활을 하는데, 한두 번은 회사가 어려워질 때가 반드시 옵니다. 평생직장이 아닌 평생직업을 가져야 합니다. 퇴근 후, 주말에 자기 계발에 힘써야 합니다.

인터뷰 04
그의 도전은
여전히 진행형

자신을 믿고, 선택과 도전을 거듭하여
경영 컨설턴트, 전문 경영인 모두 성공,
다양한 직종과 위치에서 성공의 의미를 찾다.

정태수
옴부즈만 컨설팅 대표 컨설턴트

1978	행정학학사, 연세대학교
1990	경영학석사(MBA), International Management Development Institute(IMD), Lausanne, Switzerland
1979 ~ 1989	IBM Korea–System Engineer, Instructor, Consulting Manager 등
1991 ~ 1995	Arthur D. Little 미국 본사 선임컨설턴트
2000 ~ 2003	ADL Partners㈜ 대표이사(벤처캐피탈회사) 겸임
1996 ~ 2004	ADL Korea 대표 및 미국본사부사장
2004 ~ 2008	㈜KT 전무 – 혁신추진단장, 전략투자실장, 서비스본부장 등
2009 ~ 2012. 2.	옴부즈만컨설팅 대표
2010.3 ~ 2013. 2.	㈜BR Korea 총괄부사장(배스킨라빈스/던킨도너츠 운영)
2013.3 ~ 2014. 5.	㈜파리크라상 대표이사(파리바게트, 파리크라상, 파스쿠치, 잠바주스 등 8개 브랜드 운영)
2014.6 ~ 현재	옴부즈만 컨설팅 대표 컨설턴트

Q01 어떻게 컨설팅 분야 직업(경력)을 선택하게 되셨는지요?

첫 직장이었던 한국 IBM에 근무하던 중 1988년에 컨설팅적인 접근을 통한 영업 기법을 계발하고, 실행하는 일을 하게 되었습니다. 전세계 IBM으로서도 새로운 시도이었기에 많은 부분에서 외부의 경영 컨설턴트들과 파트너십을 맺고 일했습니다. 기업의 경영자들과 다양한 경영 이슈를 토론하는 기회를 가지며 컨설팅의 매력에 빠져들었습니다. 새로운 시각이 열리고 사고의 지평을 넓어지는 매일매일은 행복 그 자체였습니다. 물고기가 드디어 물을 만난 것과 같았습니다. 제 자신의 존재에 관한 의미를 알게 해주기도 했습니다.

"내가 도전하고 정렬을 쏟을 가치가 있는 길"이라는 결론에 도달한 저는 경영 컨설턴트로서의 변신을 결심하게 됩니다. 그래서 IBM을 사직하고 MBA 학위를 받기 위해 스위스로 떠났습니다. 스위스 IMD에서 MBA 과정을 마친 후(1990) 세계 최초 설립된 컨설팅 회사인 ADL(아서 디리틀)에 입사하여 미국 케임브리지 본사에서 근무를 시작하였습니다.

Q02 그 후, 경력상 어떤 큰 변화(통신 분야 및 식품업)가 있었는지 말씀해 주셔요.

ADL 미국 본사에서 5년을 근무하고 1996년 한국에 돌아와서 ADL 한국 지사를 설립하고 지사장으로서 10년 가까이 치열하게 컨설턴트로서 살았습니다. 1997년 외환위기 이후로는 국가적인 책임감이 따르는 프로젝트도 많이 수행하였습니다. IMF 외환위기 이후 구조 조정이 휘몰아치던 우리 기업과 공공기관의 환골탈태 과정의 현장에 있었고요.

2004년 당시 저희 회사 고객이었던 KT의 사장님으로부터 아예 KT에 입사해서 회사의 혁신을 리드해 달라는 요청을 받았습니다. 컨설팅 회사를 떠나 내부 컨설턴트로서, 전문 경영으로서의 첫 걸음을 딛게 된 것이지요. 그 후 "지식"만이 아닌 "지혜"를 쌓은 경영인으로서 인정받는 기회가 더 많이 생겼습니다.

Q03 직장인으로서 경력상 목표와 성공 전략은 무엇이었습니까?(특히 젊은 시기에)

좋아하는 일을 할 때 좋은 성과(performance)가 나고 성공도 따라옵니다. 좋아하는 일이 아니라도 좋아하는, 신이 나는 방법으로 일할 수 있는 창의력을 발휘하면 좋은 결과로 이어진다고 확신합니다. 물론 이때 상사와 동료들을 설득하고 그들이 동참하거나 동조할 수 있도록 하는 것이 중요하지요. 자신의 원칙은 일관되게, 희생이 따라도 지켜나가야 합니다. 타인을 위한 것보다는 자신의 판단력에 따라 일관된 방향으로 경력을 쌓는 것이 중요합니다.

그리고 또 한 가지는 사람이 경영의 중심이라는 생각을 항상 최우선으로 여겼습니다. 단기적인 이익을 희생해서라도 인재에 투자한다는 원칙은 주변에 좋은 사람들이 모이게 해주었습니다. 성공은 자신이 만든다기보다 자신이 키우고, 선택한 사람들과 함께 만들어 가는 것이니까요.

Q04 성공을 위해 특별히 노력한 분야는 무엇인지요? 구체적으로 어떤 노력을 하셨습니까?

'성공을 위해서'라는 생각을 해본 적은 없는 것 같습니다. 열심히 하다 보니 성공이라기보다 제가 누린 만큼의 결과가 따라왔다고 생각합니다. 제자리에 머무는 것은 도태되는 것입니다. 제자리에 머문다의 제 해석은 '생각과 관점의 제자리걸음'을 의미합니다. 과거의 성공 방정식을 되풀이하는 것이 그 예입니다.

"How to?" 보다는 "Why?"나 "Why not?"의 질문을 더 많이 던지는 것은 늘 변화하게 하고 현상을 새로운 관점으로 보게 만듭니다. 이를 위한 저의 소신과 습관은 "호기심"입니다. 호기심은 창조와 발전의 원동력입니다.

Q05 자신의 경력 중에서 중요한 고비(결정의 순간)와 극복 사례를 소개해 주시겠습니까?

10년 동안 다니던 당시 최고의 직장 IBM을 사직하고, 컨설턴트가 되겠다는 꿈을 품고 35살의 나이에 유학의 길을 택할 때입니다. 1989년 당시 IBM은 전 세계에서 최고의 직장 중 하나였고, 한국 IBM의 처우도 국내에서 타의 추종을 불허하는 수준이었지요. 그런 직장을 그만두고 당시로서는 생소했던 MBA를 하겠다는 결정은 사람들에게 수많은 질문과 의문을 던져주었습니다. MBA 이후의 미래도 불투명했습니다.

그러나 저 나름대로 믿음과 논리가 확고했습니다. 내가 책임지면 된다는 생각이 용기를 주었지요. MBA를 마칠 무렵, 다행히 여러 외국 컨설팅 회사들이 저의 소신에 동의해 주었습니다. 저는 ADL에서 꿈과 새로운 커리어를 펼쳐나갈 수 있었습니다.

Q06 CEO가 되고 나서 좋아진 점은 무엇이었습니까?

CEO가 되었다고 해서 좋아지는 것은 없습니다. 연봉이 오르고 CEO라고 쓰인 명함을 건넸을 때, 상대방이 나를 다시 한 번 쳐다봅니다. 그 순간 느껴지는 짧고, 경박한 희열 정도입니다. 그러나 중요한 점이 있습니다. 그것은 자신의 원칙과 소신에 의해서 독단적인 아닌 책임을 진다는 의미로, 변화를 설계하고 변화를 리드할 수 있다는 것입니다. CEO만이 갖는 특권, 의무이자 보람 있는 일입니다.

경력 상 앞으로의 계획은 무엇인지요?

컨설턴트로서 기업과 개인의 다양한 고민을 해결하는 일을 하고 싶습니다. 컨설턴트와 벤처 캐피탈리스트 때와는 달리, 전문 경영인으로서의 8년은 그 동안 경험하지 못했던, 다양한 이슈에 대해 지속적으로 크고 작은 의사 결정을 하는 과정이었습니다. 이제는 실질적이면서도 심도 있고 때로는 실행까지도 참여하는 컨설팅을 할 계획입니다.

 직장인이든 사업가든 왜 열심히 일하고, 성공해야 한다고 생각하십니까?

성공이란 열심히 일한 것에 대해서 "인정받는 것"이라고 생각합니다. 인정을 받으면 더 열심히 자신의 잠재력을 발휘하여 또 다른 차원의 창조가 이루어질 수 있습니다. 다시 말하면 열심히 일하는 것은 좋은 결과(타인에게 어떤 가치를 주는 결과)를 내기 위함이지요. 그리고 그 결과를 인정받을 정도가 되면 더 크고 의미 있는 창조(결과)가 생성되는 시너지가 생긴다고 생각합니다.

 성공을 바라는 젊은 직장인들을 위해 어떤 노력을 하라고 조언을 해 주시겠습니까?

"호기심을 잃지 말라" 다양한 분야에 관심을 갖고, 관계없어 보이는 분야를 서로 연관 지어 보는 훈련을 하세요.

"외로울 수 있는 용기를 가질 것" 무리에 휩쓸리지 말고 자신의 관점, 기준, 지향점을 만들어 나가세요.

컨설팅 업계에 근무하는 장점은 무엇이라고 생각하십니까?

a. 짧은 기간에 다양한 산업에 대해 경험할 수 있다.

b. 고위 임원의 입장에서 생각하는 훈련을 하게 된다.

c. 상황과 문제를 빠르게, 입체적이고 체계적으로 파악할 수 있는 능력이 생긴다.

d. 효과적인 커뮤니케이션 수단과 노하우를 터득하게 된다.

Q11 **스트레스 해소, 건강 관리 등은 어떻게 하고 계신지요?**

자전거 타기, 캠핑, 여행을 꾸준히 하고 있습니다.

Q12 **인생의 좌우명은 무엇입니까?**

사즉생 생즉사

Q13 **젊은 직장인들을 위해 한마디 해주세요.**

어려운 상황에 처했을 때, 큰 흐름 속에서 그 상황 파악한 후 결정을 내리기 바랍니다.

단기적인 시각도 중요하지만 장기적인 측면도 중요합니다. 나무도 보고 숲도 함께 보는 훈련을 해나가시기 바랍니다. 마이크로하게도 보고 매크로하게도 보면 더 좋은 결정을 할 수 있을 것입니다.

마치면서

지금까지 나에게 적합한 직업을 어떻게 잘 선택할 수 있을지, 경력 계획을 통해서 어떻게 오랫동안 노력을 해갈 것인지, 경력이 쌓여 가면서 맞닥뜨리게 될 직장인의 고뇌들은 무엇인지, 그리고 중요한 질문과 여러 참고 사례들을 살펴보았다. 또한, 직장인으로서 긴 시간을 거쳐 성공한 분들의 이야기도 들어 보았다.

무엇을 느끼고, 무엇을 알게 되었는가?

앞으로 어떻게 경력 계발을 하고, 직장생활을 해 갈 것인지 정리해 보는 계기가 되었는가? 혹은 직업을 선택하는 데 도움이 되었는가?

직장생활이란,

20년, 30년을 계속 달려서 Career Peak에 도달하는 긴 마라톤이다. 직장인들에게는 이런 마라톤을 완주하기 위한 체력, 업무 능력, 인간관계, 자기 계발, 적극적 자세, 충성심, 윤리관이 꼭 필요하다.

1등을 하려는 사람은 그 목표에 맞게 계획과 전략을 세우면 되고, 다른 목표가 있다면 또 그에 맞게 계획을 세우면 된다.

어쩌면, 가장 중요한 성공 요소는 "인내심"인지도 모른다. 어려운 일을 피할 수 없다면 아예 즐기라는 말도 있다. 어려운 고비와 유혹, 조급함을 이기고 꾸준히 계단을 오르는 자세만 있다면, 모두 자신이 원하는 Career Peak에 도달할 수 있다.

자신의 전체 인생 계획을 고려하여, "길게" 보라. 현재 상황만을 보고 판단하지 말고, 10년 후, 20년 후를 보라. 퇴직 후의 모습도 예측해서 지금부터 준비하는 것이 직장생활의 기간보다 더 길고 소중한 시간이 될 2nd Career를 풍요롭게 해 줄 것이다.

직장생활에 도움이 되는 처세 관련 책을 많이 읽기 바란다. 인간관계, 시간 관리, 의사소통, 리더십, 메모 요령 등 많은 주제가 있으니 관심 있는 책을 선택하여 읽고, 적어도 도움이 되는 한 가지씩은 실천해 보자.

노력해야만 성공할 수 있다는 단순한 진리를 꼭 기억하기 바란다. 성공 확률이 100%는 아니겠지만, 노력을 하지 않으면 아예 확률은 0이 된다. 우리가 흔히 공부를 열심히 해야 된다고 이야기하는데, 원래 "공부(工夫)"는 지식 수준 향상, 체력 단련, 인격 수양의 모든 것을 의미

한다고 한다. 같은 한자 문화권 중에서도 유독 우리나라만 지식 수준 향상의 의미인 "학습"의 뜻으로 쓰고 있는데, 원래 뜻대로 "공부"를 열심히 할 것을 다시 주문한다.

명심해야 할 한 가지 더.
There is no easy job. 세상에 쉬운 일이란 없다.

"왜 일하세요?"
"먹고 살기 위해서죠."
우리가 열심히 일하는 것은 그 때문인가?
나는 내면을 키우기 위해 일한다고 생각한다.
내면을 키우는 것은
오랜 시간 엄격한 수행에 전념해도 이루기 어렵지만,
일에는 그것을 가능하게 하는 엄청난 힘이 숨어 있다.
매일 열심히 일하는 것은 내면을 단련하고 인격을 수행하는,
놀라운 작용을 한다.

– 이나모리 가즈오의 "왜 일하는가" 중에서

직장인으로 어떻게 성공할 것인가

초판 발행   2015년 01월 05일

저   자 | 이기봉

발 행 인 | 신재석
발 행 처 | (주)삼양미디어
등록번호 | 제 10–2285호
주   소 | 서울시 마포구 양화로 6길 9–28
전   화 | 02 335 3030
팩   스 | 02 335 2070
홈페이지 | **www.samyang𝓜.com**

ISBN | **978-89-5897-293-8(03190)**